国家级高技能人才培训基地活页式工作手册教材

新媒体营销实务

主　编◎王容平　任　磊　杨　霞

副主编◎万丽萍　卓茂林　任丹丹　向雨初

编　委◎王丽萍　王昌银　刘　洵　熊燕飞

陈　堰　高　爽　陈　晖　蔡春枝

西南交通大学出版社

·成　都·

图书在版编目（CIP）数据

新媒体营销实务 / 王容平，任磊，杨霞主编. 一成都：西南交通大学出版社，2021.12
ISBN 978-7-5643-8515-6

Ⅰ. ①新… Ⅱ. ①王… ②任… ③杨… Ⅲ. ①网络营销－高等职业教育－教材 Ⅳ. ①F713.365.2

中国版本图书馆 CIP 数据核字（2021）第 270948 号

Xinmeiti Yingxiao Shiwu
新媒体营销实务

主　编　王容平　任　磊　杨　霞

责任编辑 / 李芷柔
封面设计 / 原谋书装

西南交通大学出版社出版发行
（四川省成都市金牛区二环路北一段 111 号西南交通大学创新大厦 21 楼　610031）
发行部电话：028-87600564　028-87600533
网址：http：//www.xnjdcbs.com
印刷：四川玖艺呈现印刷有限公司

成品尺寸　185 mm × 260 mm
印张　9.5　　字数　212 千
版次　2021 年 12 月第 1 版　　印次　2021 年 12 月第 1 次

书号　ISBN 978-7-5643-8515-6
定价　32.00 元

课件咨询电话：028-81435775
图书如有印装质量问题　本社负责退换

前言

PREFACE

本次教材编写，是成都市技师学院（成都工贸职业技术学院）国家级高技能人才培训基地建设的重要内容，是校企合作双元开发高职教材共建的主要成果之——活页式工作手册教材。本教材编写的思路，是将以新媒体为代表的电子商务（电商）和跨境电商企业工作人员在运营环境中的一些实战技能和经验加以总结，同时借鉴许多企业已经成熟的工作流程。希望以此可帮助电商和跨境电商相关学生进入企业前掌握其基础技能，熟悉基本工作内容，并为其他在职人员提高技能水平提供参考。编写组希望以此抛砖引玉，让电商职业技能教育能沿着学中做、做中学的途径，能及时把握企业技能人才需求的方向，能及时将企业先进的技能更好引向课堂，能让学校真正成为企业所需技能型人才的储备营，成为培养大量适应企业发展要求的技能人才高地。这次高技能人才培训基地在新媒体电商和跨境电商人才培养方面做出的有意义探索，显示了学校坚定地走校企合作培养人才之路的决心，显示了专业老师在对接新媒体电商和跨境电商企业需求方面做出的真诚努力，已收获可喜成果。

本教材的编写，得到了学校领导的大力支持和精心指导，得到了四川省技能鉴定指导中心领导和老师的专业指导，得到了行业协会和合作企业的鼎力支持，在此一并致谢。

其次，感谢为教材编写提供支持的企业界朋友，他们的无私帮助才使高技能基地的教材融入了更多实战的元素，使操作更规范标准且可复制。

再次，特别感谢我校这次参与编写的老师们，他们花费了大量的心力和精力，热情投入，才完成了这本教材的编写。虽说教材中还有诸多不足之处有待改进，但这种主动与企业行业对接、探索培养适合企业需求人才路径的踏实作风，将成为今后工作中宝贵的传统，我们将主动学习企业的新知识新技能，及时将之融入电商和跨境电商人才培养培训的实践中。

最后，特别感谢为成都市技师学院高技能人才培训基地建设提供指导和资金支持的四川省、成都市级机关及领导，感谢西南交通大学出版社为这次教材出版提供的专业指导和大力支持。同时，真诚恳请各位领导、各位专家和各位同仁们能及时指出我们书中的错误和不足，我们将不胜感激，及时改正，在电商和跨境电商人才培训方面跟随职教滚滚大潮，破浪前行！

成都市技师学院（成都工贸职业技术学院）教材编写组

2021 年 10 月

目录
CONTENTS

项目 1　新媒体营销工作与岗位

任务导入

任务 1-1：新媒体营销的主要工作内容

根据《互联网营销师国家职业技能标准（征求意见稿）》了解学习新媒体营销的工作和岗位要求。（见图 1-1-1）

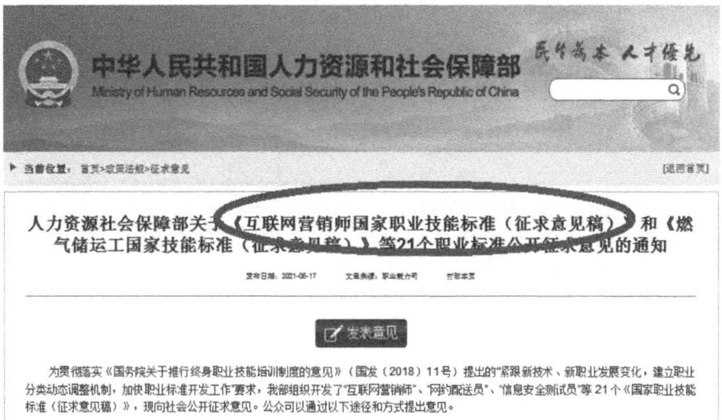

图 1-1-1 《互联网营销师国家职业技能标准（征求意见稿）》

自中央人民政府 2019 年 4 月发布《国务院办公厅秘书局关于印发政府网站与政务新媒体检查指标、监管工作年度考核指标的通知》文件以来，国务院办公厅每半年对全国政府网站及政务新媒体运行情况进行抽查、考核和通报，这是国家层面对政务新媒体的重视。（见图 1-1-2）

图 1-1-2 《国务院办公厅秘书局关于印发政府网站与政务新媒体检查指标、监管工作年度考核指标的通知》

本项目将参照如图 1-1-1 所示的《互联网营销师国家职业技能标准（征求意见稿）》（由中华人民共和国人力资源和社会保障部 2021 年 6 月发布），划分任务学习新媒体营销的工作和岗位要求。

【案例】2020 年中国企业新媒体榜单发布：深度融合　对标发展

摘要：

由国务院国资委新闻中心和中央企业媒体联盟联合主办的第八届中国企业新媒体年会在北京举办，主题聚焦“融时代·新传播”，采用“线下分享＋线上直播”的形式。融媒体时代，互联互通，共利共赢。

本届中国企业新媒体年会推出一系列新媒体创新发展典型——国资委新闻中心、清博大数据、清华大学新闻研究中心结合大数据分析，联合发布 2020 年度系列榜单——“2020 年度中国企业最具影响力新媒体账号”“2020 年度中央企业最具影响力新媒体账号”“2020 年度中央企业最具影响力新媒体二级账号”，发布“2020 年度中国企业新媒体创意奖、创作奖和创新奖（本文略）”“2020 年度最受中国企业关注新媒体平台”。（见图 1-1-3 与 1-1-4）

2020 年度中国企业最具影响力新媒体账号

单位名称	微信账号	微博账号
中国联合网络通信集团有限公司	中国联通	中国联通
中国电信集团有限公司	中国电信	中国电信
中国移动通信集团有限公司	中国移动	中国移动
比亚迪汽车销售有限公司	比亚迪汽车	比亚迪汽车
中国石油天然气集团有限公司	中国石油	中国石油
北京京东世纪贸易有限公司	京东	京东
中国石油化工集团有限公司	中国石化	中国石化
深圳市腾讯计算机系统有限公司	腾讯	腾讯公司
联想（北京）有限公司	联想控股微空间	联想中国
中国建设银行	中国建设银行	中国建设银行

图 1-1-3　2020 年度中国企业最具影响力新媒体账号

2020 年度中国企业新媒体创意奖

中国石油化工集团有限公司	“我有熔喷布，谁有口罩机？”互动传播
中国生物技术股份有限公司	“‘浆’爱进行到底”康复者献浆公益传播
中国国际技术智力合作集团有限公司	“抗疫稳岗扩就业”专项活动网络访谈
中国航天科工集团有限公司	“快舟·富强福”号火箭跨界传播
中国航空工业集团有限公司	“航空人的 24 小时”跨界传播
中国商用飞机有限责任公司	ARJ21 入编国际主流航空公司联动传播
中国核工业集团有限公司	"华龙一号"全球首堆并网发电品牌传播
英大传媒投资集团有限公司	能源地理系列新媒体传播

图 1-1-4　2020 年度中国企新媒体创意奖

截至目前，在中国 500 强企业中，已有 400 余家开通官方微信，200 余家开通官方微博。在国务院国资委的指导下，“国资小新”引领中央企业进驻微博、微信、客户端、抖音、快手等新媒体平台，形成了平台布局不断优化、集群效应不断强化、融合发展不断深化的国资国企新媒体矩阵。

（来源：国资小新，2020 年 12 月 23 日国务院国资委新闻中心发布）

【学习笔记】

任务 1-1　新媒体营销的主要工作内容

任务目标

知识目标：

了解新媒体的定义；
掌握新媒体营销的概念；
掌握新媒体营销的工作内容。

技能目标：

能使用思维导图对新媒体营销工作内容进行描述。

素质目标：

培养学生实际动手操作的能力；
提升学生新媒体相关信息收集能力。

相关知识

1.1.1　新媒体的定义

新媒体营销实务包括新媒体营销工作与技能、新媒体营销基本技能、新媒体营销平台操作、新媒体矩阵营销整合这四个项目板块的内容。

关于新媒体的定义众说纷纭。我国学者曾把新媒体定义为“互动式数字化复合媒体”，美国《连线》杂志把新媒体定义为“所有人对所有人的传播”。前者侧重强调新媒体的技术特征，而后者侧重强调新媒体的功能特性。

1.1.2　新媒体之新

动画 1-1-1
新媒体运营职业技能等级标准

时代的进步极大地推动着计算机技术、信息技术、大数据技术等先进技术的飞速发展，改变着人们的生活方式。相对于报刊、户外广告、广播、电视等传统意义上的媒体，新媒体被形象地称为“第五媒体”。

新媒体以其形式丰富、互动性强、渠道广泛、覆盖率高、精准到达、性价比高、推广方便等特点，在现代传媒产业中占据越来越重要的位置。

新媒体与传统媒体相比较而言，“新”主要体现在以下四个方面：

（1）新的传播载体。

新媒体是新的数字传播载体，快速、多媒体、立体地传播信息。最为显著的特点即数字化的传播方式。数字化已经是当今人们的一种社会生存状态，即以数字化形式显现的存在状态；是一种生存的方式，即应用数字技术，在数字空间工作、生活和学习的全新生存方式，是在数字化环境中所发生的行为的总和及其体验和感受。

（2）新的传播方式。

新媒体利用新的技术支撑体系下出现的媒体介质进行传播，如数字杂志、数字报纸、数字广播、手机短信、移动电视、网络、桌面视窗、数字电视、数字电影、触摸媒体等。此外，新媒体把人际传播、组织传播、大众传播有机融合在一起，例如社交媒体，而传统媒体基本属于较单一的大众传播。

（3）新的传播内容。

新媒体是大众化的、碎片化的内容，泛新闻开始出现，而且极具个性化。新媒体以网络环境为基础，基于信息用户的信息使用习惯、偏好和特点向用户提供满足其各种个性化需求的服务。这种新媒体提供的个性化信息服务，令信息的传播者针对不同的受众提供个性化服务。此外，受众也对信息具有同样的操控权，受众可以运用新媒体选择信息、搜索信息甚至定制信息。

（4）新的互动机制。

传统的大众媒介都是单向式传播，但新媒体则突破了单向传播，增强了传播者与接收者之间的互动性。受众不再仅仅是信息的接受者，同时也是信息的传播者。互动机制使传播者和接受者极易同频共振，产生巨大的传播和营销力量。

2016 年在上海证券交易所挂牌上市的新华网，是由新华社主办的综合新闻信息服务门户网站。作为互联网新闻传播的主力军，新华网不断创新传播理念和发展模式，于 2021 年 4 月发布了《新媒体运营职业技能等级标准》的 1.0 版。这个标准规定了新媒体运营职业技能等级对应的工作领域、工作任务及职业技能要求，适用于中、高等职业学校新媒体运营职业技能培训、考核与评价使用，也适用于相关用人单位的人员聘用、培训与考核等。

动画 1-1-2
新媒体营销

在《新媒体运营职业技能等级标准》中，专门介绍了新媒体的定义：新媒体又称网络新媒体，是利用数字技术，借助多种信息传播平台，通过计算机网络、无线通讯网络、有线电视网络、卫星网络等通讯渠道，以电脑、手机、数字计算机等终端，用文字、声音、图像、视频等形式来传播信息，提供服务的一种数字化多媒体的传播媒介。

1.1.3 新媒体营销的作用

根据新媒体的定义，新媒体营销就是在新媒体平台上通过内容营销、用户运营、产品销售、活动营销等要素向用户进行信息传递，从而利用粉丝经济达到相应营销和传播目的。

那么，企业为什么要做新媒体营销？

“营销就是使推销成为多余”，彼得·德鲁克（Peter F. Drucker）——现代管理学之父如是说。

营销是发现或发掘准消费者的需求，让消费者了解该产品进而购买该产品的过程。而新媒体营销是指利用新媒体平台进行营销的方式。

营销的作用就是满足消费者需求，运用有效的营销策略开发市场、占领市场。

从产品销售着手，销售方营销工作包括寻找和识别潜在顾客，接触与传递产品交换意向信息、谈判、成交，提供销售服务等，创造产品销售成功的条件。

产品销售成功有 4 个条件：

（1）至少有两个主体，相互愿意用自己所拥有之物来换取对方所拥有的有价物；

（2）他们彼此了解对方所拥有的商品的质量和生产成本；

（3）他们相互之间可以有效地进行意见沟通。例如洽谈买卖条件，达成合同；

（4）交易发生后他们都能如意地消费和享受所得之物。

为了让这些关键条件能够得到满足，就必须进行市场调查研究、开发市场需求、组织策划促销、做好售后服务等营销工作。

新媒体营销在新媒体平台上通过内容营销、用户运营、产品销售、活动营销等要素向用户进行信息传递，从而利用粉丝经济达到相应营销和传播目的。

企业使用新媒体进行营销主要起到以下 4 个作用：

（1）拉近企业与用户之间的距离。

对于传统媒体来说，用户只能被动接受。而在新媒体营销传播过程中，用户可以利用网络传播技术进行多种形式的互动和聊天，这使营销传播的形式发生了变化。移动网络和移动设备网络的普及使得信息实时传播，让用户可以真实地看到实物，因此，新媒体营销使用户随时随地都能够看到新的产品信息和消息，从而使得企业的营销效率大大提高。同时，以新媒体技术为基础的新媒体营销，也大大降低了产品投放市场的风险。

（2）有效降低企业宣传推广成本。

在过去的传统媒体中，新媒体大多数都是采用电视推广和报纸推广，而这些价格推广形式，对于现如今的新媒体推广来说，推广成本都是很高的，而新媒体营销可以利用各种社交平台和网络媒体上宣传，节约了企业的宣传成本。另外，新媒体营销是结合大数据来进行传播的，它能够根据用户的浏览特点，将企业的产品准确地推送给目标用户，从而可以扩展企业的客户渠道。

（3）有助于打造品牌影响力。

新型的网络新媒体具有传播快、互动性强、用户体验好的特点，企业可借助这些新媒体渠道进行品牌信息发布、新品发布宣传，建立企业自己的自媒体，建设企业自己的私域流量池，可深度与用户沟通、互动、分享，从而快速传播企业品牌影响力，提高品牌美誉度。

（4）多场景多渠道覆盖的推广方式。

新媒体营销覆盖了多种多样的内容，如微信、微博、博客、论坛、问答、新闻平台等社交媒体工具及新闻媒体，它们使每个人都成为信息的发布者、传播者。通过对社交平台进行大数据分析，企业可针对不同的营销推广方式，再结合自己的产品，做出不同的营销推广策划，在各种媒介上有效地挖掘客户需求，同时也为产品设计、开发和销售提供良好的市场依据，可以大大地提高企业营销推广的效率。

1.1.4 新媒体营销主要工作内容

新媒体营销工作内容有两种划分方法。

动画 1-1-3
场景营销

1. 按营销方式划分

营销工作有病毒营销、事件营销、口碑营销、饥饿营销、知识营销、互动营销、情感营销、会员制营销等。

（1）病毒营销。

病毒营销是利用公众的积极性和人际网络，让营销信息像病毒一样传播和扩散，营销信息被快速复制传向数以万计、数以百万计的观众，它能够像病毒一样深入人脑，快速复制，迅速传播，将信息短时间内传向更多的受众。

（2）事件营销。

事件营销是企业通过策划、组织和利用具有新闻价值、社会影响以及名人效应的人物或事件，吸引媒体、社会团体和消费者的兴趣与关注，以求提高企业或产品的知名度、美誉度，树立良好品牌形象，并最终促成产品或服务销售目的的手段和方式。

（3）饥饿营销。

饥饿营销运用于商品或服务的商业推广，是指商品提供者有意调低产量，以期达到调控供求关系、制造供不应求“假象”、以维护产品形象并维持商品较高售价和利润率的营销策略。

（4）知识营销。

知识营销是通过有效的知识传播方法和途径，将企业所拥有的对用户有价值的知识（包括产品知识、专业研究成果、经营理念、管理思想以及优秀的企业文化等）传递给潜在用户，并逐渐形成对企业品牌和产品的认知，为将潜在用户最终转化为用户的过程和各种营销行为。

（5）互动营销。

在互动营销中，互动的双方一方是消费者，一方是企业。只有抓住共同利益点，找到巧妙的沟通时机和方法才能将双方紧密地结合起来。互动营销尤其强调，双方都采取一种共同的行为，达到互助推广、营销的效果。

（6）情感营销。

情感营销是从消费者的情感需要出发，唤起和激起消费者的情感需求，诱导消费者产生心灵上的共鸣，寓情感于营销之中，让有情的营销赢得无情的竞争。在情感消费时代，消费者购买商品所看重的已不仅仅是商品数量的多少、质量好坏以及价钱的高低，还是为了一种感情上的满足，一种心理上的认同。

（7）会员制营销。

会员制营销就是企业通过发展会员，提供差别化的服务和精准的营销，提高顾客忠诚度，长期增加企业利润。其中，会员卡是会员进行消费时享受优惠政策或特殊待遇的“身份证”。

2. 按营销阶段划分

有潜在用户阶段、意向用户阶段、谈判阶段、成交阶段、签约用户和售后阶段。

营销阶段划分的方法，从最大的展现量到最小的订单量，是层层缩小的过程，故叫作营销漏斗，分为五层（如图 1-1-5 所示）。营销漏斗的五层对应了营销的各个环节，反映了从展现、点击、访问、咨询，直到生成订单过程中的用户数量及流失。从最大的展现量到最小的订单量，这个一层层缩小的过程表示不断有人因为各种原因离开，失去兴趣或放弃购买，而留下的是真正购买者。

动画 1-1-4
营销漏斗

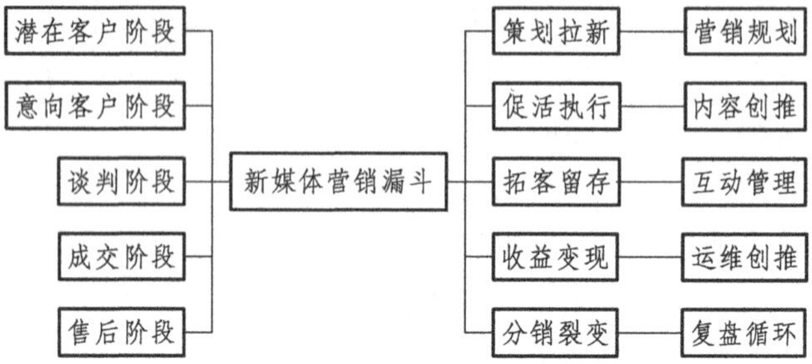

图 1-1-5　新媒体营销漏斗

图注：

（1）潜在用户阶段，通过策划拉新工作可以让用户注意，使其产生兴趣成为观望的潜在消费者。对应的新媒体营销工作有“工作准备、产品信息收集、产品确定及规划”等；

（2）意向用户阶段，对内容营销的促活执行，引起潜在的消费者深刻的印象，使其产生购买意向。对应的工作有“视频创推”等；

（3）谈判阶段，刺激意向用户的消费欲望，拓客留存对应的工作有“技术支持与互动管理”等；

（4）成交阶段，收益变现，为用户提供便利、高效、多场景的成交方式，对应的工作有“运维创推”等；

（5）售后阶段，用户购买后，利益分配和情感维护层面上让用户更加依赖和信任，让分销裂变产生出生生不息的利润源头。在售后阶段，对应的新媒体营销工作有“复盘循环”等。

以上营销漏斗的五层内容，与国家人力资源和社会保障部《互联网营销师国家职业技能标准（征求意见稿）》发布的互联网营销师职业技能要求大致相同。

互联网营销师是指在数字化信息平台上，运用互联网的交互性和传播公信力对销售方产品进行营销推广的人员。职业技能从初级到高级分五个等级。

【案例】《2020—2021 中国内容营销趋势》白皮书正式发布

摘要：

2021 年 11 月初，《2020—2021 中国内容营销趋势》白皮书（以下简称“白皮书”）在 2021 第六届中国内容营销高峰论坛上发布。《白皮书》通过业内专家深度访谈、热点案例剖析复盘、传播数据透视分析等研究方法，总结出了2020年到2021年内容营销行业的八大趋势。

趋势一：内容营销底线思维进一步强化。

2021年，随着国内外传播环境的复杂化，国家出台了一系列新的信息传播法规和政策。内容营销是信息传播的形态之一，必须增强底线意识，遵守国家有关信息传播和宣传方面的法律法规、大政方针和公序良俗。一是注意守法合规；二是尊重公序良俗；三是注意IP选择；四是尊重个人隐私。

趋势二：私域营销内容生产的流程化、系统化。

以内容为核心连接各个触点最终形成良好可持续的私域生态，成为2021年私域营销的重要趋势。紧跟行业发展趋势，为客户提供从“流量经营”到“用户经营”迁移的解决方案 。该类解决方案主要分为4个步骤：

（1）用户体系设计；

（2）用户精细运营；

（3）用户商业化；

（4）用户数据资产化。

趋势三：营销视频时间变长，生产专业化。

视频营销是近年来的热门领域。根据中国互联网络信息中心（CNNIC）发布的第48次《中国互联网络发展状况统计报告》，截至2021年6月，我国网络视频（含短视频）用户规模达9.44亿，较2020年12月增长1707万，占网民整体的93.4%。值得一提的是，1分钟以上的中视频成为重点发力方向，内容也更加专业、多元，从娱乐化走向服务化。

在中视频内容营销方面，体现出如下特点：内容即服务，中视频内容营销不仅有趣而且有用；专业即权威，中视频多为PGC（Professionally-produced Content，专业生产内容），具有专业性；技术即场景，用多种拍摄技巧营造场景。

趋势四：直播与VR行至中场，成为私域入口。

如何找到新的流量红利窗口，构建自己可控的私域流量池，成为直播中网络营销主播和平台关键问题之一。多家平台为直播电商的私域运营发力，借用私域流量的优势加强直播电商的建设。主播开始布局私域直播。同时，5G使VR直播突破了场地网络的束缚，可落地的应用场景更加丰富，让用户在情景中探索，让用户更加有参与感、沉浸感，并能打破时空局限性，构建场景，促进分享式传播。

趋势五：“土味营销”结合渠道下沉融入生活。

在2020年以后，对“土”的概念和理解逐步发生变化，并使之赋予更多的文化、艺术以及创新。“土味”逐渐演化为一种符号、风格或元素，融入新的业态和行业、产品及服务中。“土味”不再是吸引眼球，而是渠道下沉；“土味”不再是媚俗搞怪，而是情感表达；“土味”不再是俯视底层，而是融入生活。

趋势六：国潮营销向科技、时尚的拓展与联合。

国潮营销是2021的热点。与传统的IP联名相比，国潮的IP联名更为跨界。国潮

IP 联名的拓展，主要包括：向场景拓展，从营销产品到营销场景；向历史拓展：深挖历史故事，丰富国潮内涵；向高科技拓展：与当下中国的科技进步相结合。2020 年到 2021 年，国潮逐渐成为具有分享传播能力的概念和符号。

趋势七：社会化营销用社交货币制造裂变。

2021 年品牌营销版图中，社会化营销占据了非常关键的位置。随着社会化营销更加圈层化，破圈更依赖圈层信任、圈层话语权和圈层社交货币。Z 世代圈层的社交货币更突出好玩、有趣、新鲜甚至小众。

趋势八：新能源汽车营销从漏斗式营销到涟漪式营销转变。

在互联网技术以及年轻人消费方式不断深入转型的当下，汽车品牌的营销方式正在发生革命性变革。

以用户为中心的车联网运营时代，车企为品牌圈定具有鲜明属性的消费者细分人群，利用营销手段放大影响力，抓住高质量用户圈层，不断引发圈层用户口碑涟漪式扩散，借此直接触达细分群体内的同类潜在用户。

《白皮书》指出，以触点、数据和内容为核心的全链路营销趋势，标志着内容营销走上了新赛道。无论是私域运营还是中视频的崛起，无论是“土味营销”还是国潮，无论是 IP 跨圈联名还是二次元营销，背后的逻辑都是用内容打通触点，在全链路中实现转化。

（来源：新华网 2021 年 11 月 3 日发布）

任务实施

步骤 1：查看《互联网营销师国家职业技能标准（征求意见稿）》“工作内容”部分；

步骤 2：从“工作内容”中整理分属于“潜在客户阶段、意向客户阶段、谈判阶段、成交阶段、售后阶段”等基本要素的条目；

步骤 3：以思维导图的形式进行连接，提交 PNG 格式图。

思维导图是一种发散式的笔记，作为一种实用性的思维工具，它的主要特点就是简单而有效。它充分运用了图文并重的技巧，把所要表达的内容按层级和隶属关系向外铺展，同时结合颜色、图形来表达每个关键词。它如同我们大脑的思维方式一样，呈发散性。通过绘制思维导图，会让我们慢慢将思维发散，逐渐想到问题突破口，甚至会有茅塞顿开的感觉。在国际社会上，很多优秀的公司将思维导图运用到工作中解决问题，也有不少思维导图运用的经典案例。各个大学也逐渐开设有思维导图方法的专门选修课程，在国内，也开始有一些学校在普及这种思维方法。

所以，在学习这门课程时，建议同学们对照课本和教学视频，整理出自己学习理解的思维导图，用的软件大家可以自行了解、尝试、使用。

【学习笔记】

任务 1-2　新媒体营销的主要岗位和要求

任务目标

知识目标：

熟悉新媒体营销的主要岗位和要求。

技能目标：

能运用思维导图对新媒体营销岗位的技能要求进行归纳呈现。

素质目标：

培养学生实际动手操作的能力；
锻炼语言表达能力。

相关知识

1.2.1　岗位胜任度的测量

1. 胜任力

动画 1-2-1
岗位胜任测量

胜任力是指能将某一工作中有卓越成就者与普通者区分开来的个人的深层次特征，它可以是动机、特质、自我形象、态度或价值观、某领域知识、认知或行为技能等任何可以被可靠测量或计数的并且能显著区分优秀与一般绩效的个体特征。

在新媒体营销工作中，同样的信息和产品，在同一个新媒体平台上传播，如果营销岗位工作人员使产品和信息的传播和推广范围更大，销售额更高，这就是岗位胜任力的表现。胜任力分通用胜任力、专业胜任力、核心胜任力三种。

视频 1-2-1
新媒体营销
主要岗位

（1）通用胜任力，是某项工作类别的员工，都应该具备的基本胜任能力。如营销人员，良好的沟通能力、亲和力、快速反应能力是通用胜任力。

（2）专业胜任力，是某一具体岗位的员工所应该具备的、具有典型的岗位特点的能力。专业胜任力比通用胜任力在范围上更加狭窄、在内容上更加具体。如对于营销部经理，明确部门销售工作标准，建立健全销售管理网络，认真做好协调、指导、调度、检查、考核等工作是专业胜任力。

（3）核心胜任力，是企业文化核心内容的体现，是企业对所有员工的基本要求。核心胜任力是企业所倡导的各种理念与行为的集合，核心胜任力通常体现了企业文化、管理理念与核心价值观。

2. 胜任力的程度测量

新媒体企业可以利用胜任力来识别其领导团队的行为是否可以带领整个企业达到预定的发展目标。

胜任力对于预定目标的影响是可以衡量的，企业可以利用胜任力的可衡量性来评价其领导者目前在胜任力方面存在的差距以及未来需要改进的方向和程度。

【案例】通用岗位胜任评估-工作技能与综合能力

1. 绩效导向

绩效导向：以结果作为衡量工作成效的主要依据；重点关注提高绩效、实现目标和产出结果。（不同级别的相关定义见表 1-2-1）

表 1-2-1　不同级别的“绩效导向”相关定义

级　别	定　义
★	设置目标　为自己、下属和组织设定清晰、可衡量的、具有挑战性的工作目标
★★	跟踪绩效　密切关注目标的实现状况，掌握工作进展
★★★	提升绩效　主动寻找影响绩效的问题和机会，寻求改进绩效的方法
★★★★	评价绩效　以可衡量的业绩为主要依据对员工进行绩效评价

2. 计划制订

计划制订：能够迅速理解上级意图，形成目标，整合资源，制订具体的、可操作的行动方案，并监督计划实施的能力。（不同级别的相关定义见表 1-2-2）

表 1-2-2　不同级别的“计划制订”相关定义

级　别	定　义
★	意图领会　能够从公司战略、各项工作规划以及上级布置的任务中，提炼出指导性要求，并据此为自己的具体工作制定恰当的目标和方向
★★	资源组织　能在最短的时间内，判断完成某项任务所需资源的种类和数量，通过各种方法将其集中起来，统筹安排、统一调用
★★★	方案设计　设计和制定工作流程、细化步骤、落实细节，将目标转化成可执行的具体方案
★★★★	执行监控　对计划执行过程进行跟踪，对计划的推进节奏进行控制，对暴露的问题及时处理，并根据具体情况对计划做出相应调整

3. 计划推行

计划推行：能够有效组织各类资源，通过说服、协调等方式得到相关部门或人员的支持，以使所做的计划顺利推行下去。（不同级别的相关定义见表 1-2-3）

表 1-2-3　不同级别的“计划推行”相关定义

级　别	定　义
★	说服力　能够做好上行沟通，阐明意义，获得上级对计划的认可与支持，从而为计划的推行创造良好条件
★★	协调力　能够注意做好横向沟通，在计划推行的过程中，得到有关部门及人员的大力配合
★★★	推动力　善于组织各类资源，利用数据与事实阐明观点，利用各种方法施加影响，鼓动参与者的热情
★★★★	监控与反馈　重视结果但也关注过程，建立监控和反馈机制，整体把握计划实施的进程，随时准备应对各种障碍和问题，并根据情况迅速调整策略

4. 解决问题

解决问题：对于工作中出现的问题，能够抓住其本质，提出创造性的解决方案，并付诸实施。（不同级别的相关定义见表 1-2-4）

表 1-2-4　不同级别的“解决问题”相关定义

级　别	定　义
★	客观界定问题　能够客观地审视情境，剥离表面现象，迅速理清各种有利与不利因素，判断问题产生的根源，澄清问题的关键
★★	解析备选方案　提出各种备选解决方案，并对每一方案的利弊做出合理评估，迅速缩小“最优解决方案”的范围
★★★	决断与行动　能够快速做出合适的决定，促成团队迅速采取行动；在解决问题的过程中，有适当的冒险精神
★★★★	总结与提升　善于并乐于总结经验教训，在以往成败经验的基础上，不断提升对变革的应对能力和问题解决能力

5. 培养他人

培养他人：有培养他人的意愿与倾向，关注他们的潜能与可塑性，并在实际工作中帮助其成长。（不同级别的相关定义见表 1-2-5）

表 1-2-5　不同级别的“培养他人”相关定义

级　别	定　义
★	鼓励成长　鼓励下属“与企业共同成长”，容忍失败，给予下属学习实践的时间；能够把下属的成功看成是自己的成功而不是威胁
★★	积极引导　向下属表达积极的期待，告诉他们你希望并相信他们可以达成更高的目标
★★★	拓展空间　重视培训和职业发展通道的设计，为员工实践所学创造更多机会，使得员工有更大的成长空间
★★★★	建议与反馈　根据他人特点，给予必要的指导和建设性意见，积极提供反馈，帮助他们更快成长

6. 前沿追踪

前沿追踪：密切关注理论与实践前沿，追踪本组织所在行业发展的热点。（不同级别的相关定义见表 1-2-6）

表 1-2-6　不同级别的“前沿追踪”相关定义

级　别	定　义
★	知识面广博　有深厚扎实的专业理论基础，同时具有一定的未来学和预测知识，关注企业成长、壮大的历程与经验，关注不同国家、不同企业经济管理模式的相关知识
★★	行业动态　积极主动去了解、探求本行业发展的趋势与前景，关注本行业的经济形势与竞争态势
★★★	专业灵敏度　对本专业技术的前沿问题具有比较敏锐的洞察力，能够认识、预测到将来发展的广度和深度
★★★★	—

1.2.2　新媒体营销的主要工作岗位

当前很多行业都在使用新媒体，新媒体营销相关岗位已经成为销售方的标配，据招聘平台前程无忧网统计，目前岗位需求已经超过 2000 万个，图 1-2-1 是前程无忧网部分新媒体招聘岗位。

图 1-2-1　前程无忧网部分新媒体招聘岗位

在前面学习的“营销漏斗”，从漏斗上层往下端开始看，对应的新媒体营销工作有“工作准备、产品信息收集、产品确定及规划”“视频创推”“技术支持与互动管理”“运维创推”“复盘循环”等。

除此之外，新媒体在整个社交网络大环境下持续涌现，很多行业都在向新媒体靠近或关联。现在许多规模公司都设立有新媒体运营的相关工作岗位，一些传统企业也设立这个岗位，新媒体营销岗位是各类企业公司的现实需要。

现代企业经营离不开“新媒体”。我们常见到和使用的，如微信群、QQ 群以及微博等其他社交圈子，通常叫作社群，也叫作“新媒体渠道”；抖音、小红书、快手、视频号等平台叫作短视频，短视频也叫作“新媒体渠道”；再如，今日头条、搜狐、网易、UC 等资讯平台叫作信息流，也可叫作“新媒体渠道”。

预计到 2023 年，中国新媒体行业企业数量将接近 5000 家，同时大部分传统企业也会设置新媒体相关岗位。据不完全统计，2021 年新媒体运营岗位需求已经超过 2000 万。

新媒体营销岗位大致可归纳为六个模块，这六个模块都遵从一个基础法则——“内容传播＋流量变现”法则。因为保证新媒体营销的策划拉新、促活执行、拓客留存、收益变现、服务分销全程成功的基本法就是“内容传播＋流量变现”法则。在 2021 年 6 月国家人社部《互联网营销师国家职业技能标准（征求意见稿）》中，相关职业有互联网营销师、视频创推员、商务策划专业人员、数字媒体艺术专业人员、营销员等，就是对应的上述“内容传播＋流量变现”法则的工作内容。

动画 1-2-2
互联网营销师

所以，基于内容传播和流量变现法则，工作岗位根据职能设置就包括了方案创意、内容创作、活动策划、用户运营、社群营运和数据分析这六大模块。这六大模块工作岗位的具体要求，我们可以以人民网北京频道上的一则招聘为例来看看：

招聘岗位

1. 新媒体编辑

职位描述：

（1）负责微博、微信、客户端等新媒体的运营和维护；

（2）负责新媒体产品策划制作，专题策划的拟定与执行；

（3）线上线下创意活动的策划、执行。

任职要求：

（1）良好的政治素质和思想品德；

（2）热爱党的新闻事业，恪守新闻工作者职业道德；

（3）遵纪守法，无不良从业行为记录；

（4）本科及以上学历，新闻传播、视觉、动画、新媒体等相关专业；

（5）有敏锐的网络热点捕捉力，擅于信息的搜集与编辑整理，拥有运营微博、微信等相关工作经验者优先；

（6）熟悉视频的拍摄和制作流程，熟练运用视听语言，熟悉短视频、H5 等新媒体产品制作流程；

（7）熟悉 PremierePro、EDIUS、PS、AE 等视频编辑和制作软件。

2. 营销主管

职位描述：

（1）负责公司经营产品营销，面向客户销售人民网北京频道及人民网在海内外各平台的广告、活动、舆情监测、内容审核等销售类产品资源，为客户提供创新的互联网营销整合解决方案，完成公司下达的业绩目标，深度挖掘行业及市场发展契机；

（2）拓展新客户、维护重点客户关系，建立与客户长期深度合作的机会；

（3）准确了解客户各渠道推广的需求，独立完成与客户的洽谈和签订合同等相关事宜，跟踪客户后期操作进度，定期制定项目运行计划方案，为客户提供专业指导以提供优质的后续服务；

（4）收集客户各方向建议，定期提出有助于客户拓展的策划需求及创意策略。

任职要求：

（1）熟悉北京市场，熟悉互联网媒体行业的产品及营销方式，有线上线下大型品牌论坛或活动策划执行经验者优先；

（2）本科以上学历，两年以上相关从业经验，身心健康；

（3）拥有良好的沟通协作能力和团队意识，思维敏捷，工作积极主动、实干、高效率、敢于开拓创新；

（4）具备对市场和行业的敏感度，具备良好的品牌及营销策划能力，具备良好的应变及谈判能力，抗压能力强。

总的来看，上面两条新媒体岗位的工作内容，都包括在方案创意、内容创作、活动策划、用户运营、社群营运和数据分析这六大技能模块中。

接下来，我们将对这重要的六大模板进行深入了解。新媒体营销人员一般要求掌握六大模块中的一项技能，它将成为是新媒体营销人员的核心技能，也是新媒体营销人员在职业生涯中的核心竞争力！

当然，新媒体营销人员也需要熟练掌握核心技能之外的另五项辅助技能。

1.2.3 新媒体营销的主要技能要求

基于内容传播和流量变现法则，新媒体营销工作岗位根据职能设置包括方案创意、内容创作、活动策划、用户运营、社群营运和数据分析。

所对应的职业有互联网营销师、视频创推员、商务策划专业人员、数字媒体艺术专业人员、营销员等，其基本技能要求如图 1-2-2 所示。

动画 1-2-3
流量变现

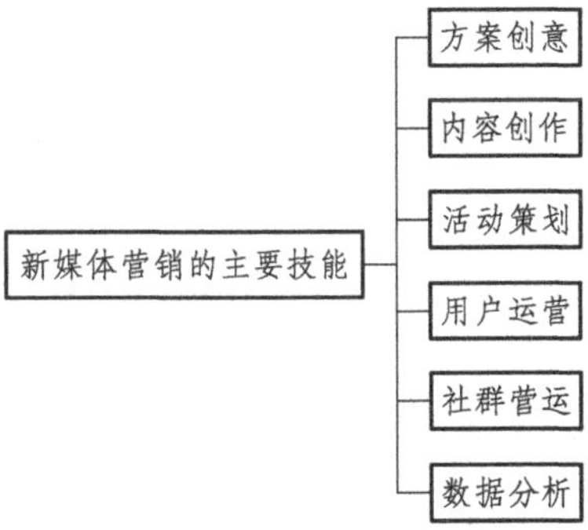

图 1-2-2　新媒体营销岗位的主要技能要求

1. 方案创意

（1）负责商品文字、宣导素材、广告用语等文案素材的输出；

（2）负责商品文案的出样，审核供应商提供的文案是否与广告法冲突；

（3）编辑商品详情文案，深入了解产品，提炼产品卖点；

（4）根据运营策划方案，提供与活动相关的图片、视频、海报、推文等文案素材；

（5）创造有吸引力的文案和图片，把控后期设计出品，提高商品曝光率等。

2. 内容创作

（1）负责 App 品类的内容规划；

（2）把控用户需求和时事热点，规划内容选题；

（3）监控品类数据，通过分析不断更新内容策略和方向；

（4）配合运营计划，捕捉热点，制造话题等。

动画 1-2-4
内容

3. 活动策划

（1）负责市场拉新活动策划，针对各大节日和热点事件等策划新的活动；

（2）执行推进活动上线、活动资源的统筹协调，根据策划活动的数据分析，客观合理地评估活动效果；

（3）负责策划用户活动，根据活动效果，执行活动改进及策略优化；

（4）收集行业竞品动态及信息，及时调整优化活动运营方案，提高活动转化等。

4. 用户运营

（1）结合商家生命周期的不同阶段，挖掘用户需求，搭建触达管道，整合各类资源提升用户活跃度；

（2）负责用户管理体系的建立和完善，对用户转化、留存、促活、拉新负责；

（3）通过分析数据，构建用户画像，挖掘用户特征，建立用户分层机制，制定不同层级的用户维护策略和活动并跟进；

（4）不断探索商家和用户的融合方式，建立长期可持续发展的用户运营策略。

5. 社群运营

（1）负责搭建和运营用户社群，吸引精准用户加入，策划线上活动，孵化培养优质用户；

（2）管理线上核心社群，创建激励机制以提升成员留存率、复购率，增加用户黏性，维护核心用户；

（3）配合营销团队的用户运营工作，完成团队协作等。

6. 数据分析

（1）分析文章的阅读量、分享率等数据来了解内容质量，优化内容编辑；

（2）分析不同渠道广告的点击率和转化率来比较渠道质量；

（3）基于对业务需求的充分理解，设计数据分析和洞察方案，洞察数据分布规律、变化趋势、关联关系等设计数据，分析模型并输出数据分析和策略建议报告；

动画 1-2-5
转化率

（4）负责监控行业走势，并对数据进行分析，剖析数据合理性，及时发现问题并反馈相关人员；

以上是新媒体营销人员需掌握的六个部分的基本技能，在拥有以上其中一个核心技能同时，还需掌握另五项辅助技能。

任务实施

步骤 1：搜索查看《互联网营销师国家职业技能标准（征求意见稿）》“技能要求”；

步骤 2：从“技能要求”中整理出对应“方案创意、内容创作、活动策划、用户运营、社群营运和数据分析”的技能要求内容；

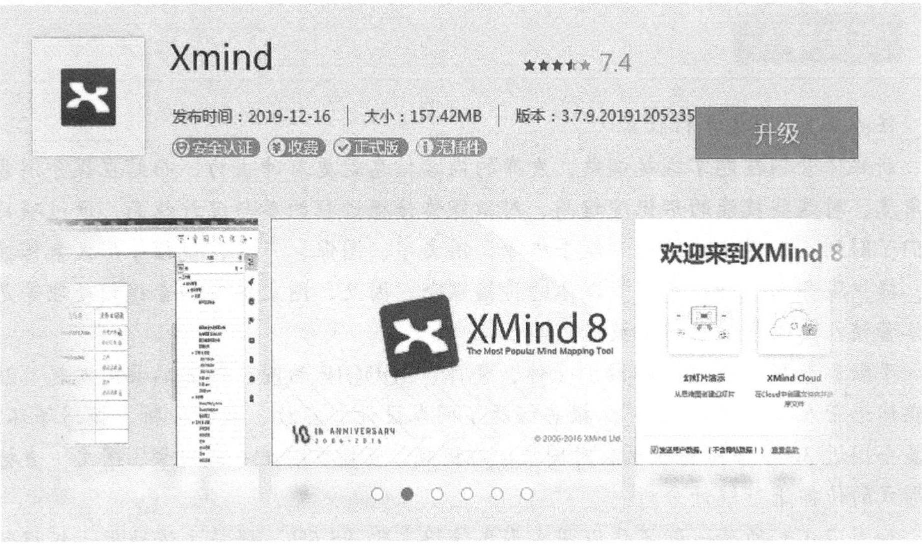

图 1-2-3　XMind8 界面

步骤 3：采用思维导图（建议使用软件 XMind8，如图 1-2-3 所示），整理并呈现步骤 2 的整理内容，导出 PNG 格式图。

项目 2　新媒体营销基本技能

任务导入

任务 2-1：图文素材收集

新媒体营销技能掌握越娴熟，发布的内容信息就更有冲击力，而站在媒介消费者的角度，对这些技能的辨识度越高，对新媒体传播过程的参与度就越高。通过项目一我们了解到，新媒体是通过智能手机等，用文字、图像、声音、视频等形式来传播信息，提供服务的一种数字化多媒体的传播媒介。因此，图文编辑和音视频处理等是新媒体营销人员需掌握的基本技能。

半撇私塾联合 135 编辑器、壹伴、夲目、SOOGIF 动图、创客贴共同发起“2021 新媒体运营人生存现状调查”。报告经历了问卷设计、发放、数据分析、撰写等环节，覆盖全国近 30 个省级行政区，对图文、短视频、直播、图文 + 短视频、图文 + 直播五种形式的传播进行统计分析。

如图 2-1-1 所示，新媒体以图文形式传播占比 85.5%，保持主流地位，短视频正是下一个风口，占 46.1%。以知乎 2021 年 10 月开通的“联合创作”功能为例，通过该功能，知乎图文创作者可以将自己的原创内容授权给视频创作者，进行视频化创作，实现图文、视频内容的联合创作和内容创作者之间的良性互动，让更多获得感内容以视频形式多元化呈现，让好内容再被“看”一次。

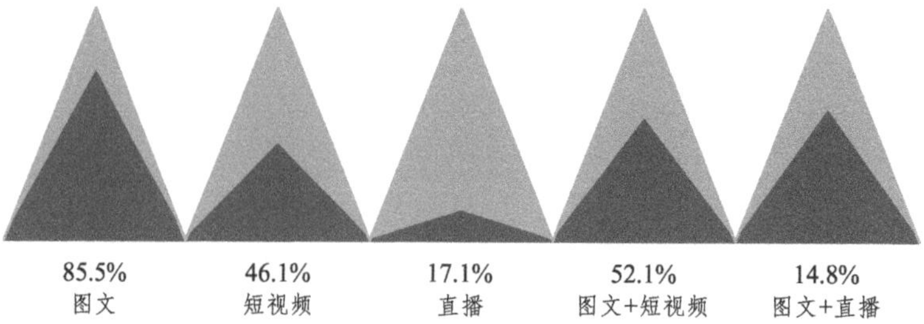

图 2-1-1　2021 年新媒体运营人生存现状调查

目前，“联合创作”功能面向知乎所有图文创作者和部分优质视频创作者开放，给予创作者内容权益保护。此外，知乎还将提供多倍流量和收益扶持，激励更多好图文变成好视频。

基于海量优质内容池，知乎有问答、视频、文章、专栏、直播等内容，大量富有获得感的优质内容已经覆盖 1000 多个垂直领域，站内累计内容存量达 4.2 亿。知乎视频化进程也进入全面爆发阶段。

本项目以在线编辑平台为工具，学习优质内容创作所需的素材收集、图文和音视频处理以及 H5 制作传播的基本技能。

【学习笔记】

任务 2-1　图文素材收集

任务目标

知识目标：

了解素材的含义；
掌握素材收集计划的制订方法；
掌握图文素材收集的基本方法。

技能目标：

能根据营销目标制订素材收集计划；
能熟练对计划中的图文素材进行收集。

素质目标：

培养学生实际动手操作能力。

任务描述

图 2-1-2 所示为某公司微信公众号后台素材库，公众平台中包括文字、图文、图片、语音、视频五种发送类型，除了文字不可以在素材管理中生成、存储，其他四种类型都可以在素材管理里生成原始素材，并集中管理编辑。

图 2-1-2　公众号后台素材库

公司要求此微信公众号授权管理员的电脑中，同步建立素材文件夹，收集公司“壹藏蒙顶采茶行”项目明年春季开团预告的新媒体营销素材。

任务准备

使用可上网电脑，了解公众号后台素材库。

相关知识

2.1.1 素材的含义和重要性

1. 素材的含义

《辞海》中，“素材”一词的释义是“文学、艺术创作的原始材料，即未经提炼和加工的实际生活现象”以及“编纂书刊的第一手材料”。

在新媒体中，素材是指制作或搜集的、未经过作者加工、尚未提炼的原始材料，包括人、事、物和书本知识等。素材是感性的、零散的、不系统的。

2. 素材的重要性

从新媒体诞生至今，很多新媒体平台都已经发展到相当成熟的阶段，每一个主流领域，都已经有头部大号，流量红利正在被稀释。尽管如此，各大平台每天仍有新的大号出现，新媒体仍然是众多企业不得不投入的一块阵地，是众多企业不得不借助的一种运营方式，企业的传统运营几乎被颠覆。为让企业走得更远，也走得更加有力，目前企业在这一领域最基本手段就是能通过新媒体持续有力地推出吸引用户的新内容。内容是源泉，内容来源于素材的组合，如何收集整理新媒体运营素材对企业开展新媒体营销非常重要。可分为三步。

第一步是新媒体营销素材的积累。行业内有三个比喻来形容素材：一是素材如粮草。所谓“兵马未到，粮草先行”“手中有粮，心中不慌”，粮草充足，是打胜仗、奏凯歌的前提和关键。二是素材如米。所谓“巧妇难为无米之炊”，没有米，手再巧的妇女也做不成好饭。三是素材如建筑材料。新媒体内容创作如同建房，素材是水泥、砖瓦等建筑材料。缺乏建筑材料，再好的设计师和施工队伍也难以完成建设。

做好了素材积累的功夫，新媒体内容创作就事半功倍。经济学家丹比萨·莫约（Dambisa Moyo）曾说：“种一棵树最好的时间是十年前，其次是现在。”

第二步是新媒体营销素材的价值体现。新媒体是具备价值的信息载体，其能传递信息本身源于内容有用，这个也就是媒体存在价值之一。其吸引力必须具备影响特定时间内特定区域内的人的视觉或听觉反应的因素，往往生动有趣和对用户有益可以产生这样的结果。

第三步是有利于转化和变现的逻辑体现。素材的价值源于内容有用、形式有趣、用户有益、逻辑有关，这样转化和变现才成为可能。

2.1.2 网感及网感的练习

1. 网　感

在“1.2.2 新媒体营销的主要工作岗位”中的招聘案例里，相关要求“有敏锐的网络热点捕捉力，擅于信息的搜集与编辑整理，拥有运营微博、微信等相关工作经验者优先”中，“敏锐的网络热点捕捉力”就是网感。

动画 2-1-1
网感

网感是许多新媒体招聘岗位的加分项。新媒体营销要求在内容创作前，预先判断什么素材会受欢迎，哪些素材更具营销价值，怎样的方式将素材加工更容易引起共鸣。紧抓实时的热点，收集调用素材及时处理推出爆款的内容，这需要具备网感和不断地进行练习，练习网感其实也是培养对话题、对人性需求的洞察力。

2. 网感的练习

（1）练习热点的捕捉。

微博、知乎、百度贴吧、抖音、今日头条、豆瓣等新媒体平台都有自己的热搜榜。培养热点的捕捉能力，要根据营销的产品，深度了解与产品相关的各平台上的行业信息，例如动向、事件、荣誉、观点、趋势等。

收集、捕捉到热点之后是创新。例如借鉴话题，在热点内容上推出一个角度更新颖的观点；借用节日（节日往往本身就即将是热点），如情人节、劳动节，提前做好婚恋礼品、安全防护品的热点铺垫；观点借鉴，在热门的观点上表达新领域情况，如从娱乐话题到商业管理等。

创新的目标是找到营销触点。热点再热也仅仅是生活中某个事件的放大化，新媒体营销需要将热点的捕捉后创新成打动人心的某个营销触点。素材经过加工创新，需要产生的强烈共鸣并一定要关联在营销触点上，这是在营销工作中新媒体网感练习必须达到的。

（2）明白逻辑的关联。

新媒体营销的逻辑是通过热点曝光来达到吸粉、转化、裂变的目的，而不仅是以曝光为目的。热点曝光只是新媒体营销的一个行为过程，最终新媒体营销的目的是转化变现、分销裂变。

动画 2-1-2
裂变

上热搜的资讯、热门短视频、最新的八卦新闻等是热点，即便在流行传播中，依然是隔离于营销之外的信息，这些体现了新媒体的传播力量，还需要关联营销上的逻辑。新媒体营销的网感，是在感知的前提下，将各种素材结合起来，快速进行加工创新，产出原创的具有营销逻辑内容的作品。

首先，进行关联练习，应注意平台与平台之间的联系。如通过微博热搜看到一条有趣的讨论点，而这个讨论点与自身营销可以建立话题的关联。原来的微博文字由类似的新话题以短视频形式迁移到视频号或抖音等自身运营的其他平台，从而产生一番讨论。

其次，进行关联日常的训练。从目前比较擅长或经常练习的平台出发，熟悉平台的内容规则，爆款的具体套路，关注相关账号，培养积累自己对热点、对该平台的敏感程度。实践中，要注意判断哪些与自身营销逻辑话题内容相关，哪些在这个平台可能会火，就注意收集这些素材创作并发布，同时跟进此热点的传播和营销业绩。还要注意，在寻找热点的过程中，除了要感受平台的氛围调性，还要做素材的日常收集积累。

2.1.3　常见的素材收集来源

视频 2-1-1
图文素材收集

素材的收集分内部素材收集与外部素材收集。

1. 原创素材的内部收集

（1）原创及来源。

原创是由个人或团队独立创作，且内容唯一的作品。原创要注意素材收集。产品或服务的人、事、功能、新闻、背景、动态、历史等，都是原创素材收集的内容范围。

（2）素材收集要形成内部收集规范。

内部收集是根据营销目标和销售计划，在选择好内容以及具体的新媒体呈现方式后，针对产品或服务进行素材的创作、整理、收集，包括记录写作的文案素材、拍照的图片素材、录音的音频素材、录像的视频素材等。

（3）原创素材的重要性。

良性、健康的创作环境可形成鼓励创作者发布高质量的原创内容的氛围。

抖音平台支持原创。如图 2-1-3 所示，抖音平台也为创作者提供良性、健康的创作环境，鼓励创作者发布高质量的原创内容，持续对抄袭、搬运等侵权行为进行严厉打击。

图 2-1-3　抖音平台打击侵权行为的公告

根据《抖音社区自律公约》及《“抖音”用户服务协议》的相关条款，抖音平台对抄袭会进行封禁投稿和永久封禁账号的处理。创作者如遇到被抄袭、搬运等侵权情况，可在抖音 App 内找到侵权视频，点击分享→举报→侵犯权益，提交投诉材料进行侵权举报。抖音平台的维权功能，支持创作者一次性提交多条全网侵权线索，维权进度实时可查。

《中华人民共和国民法典》以下简称《民法典》支持原创，这是新媒体平台支持原创的法律依据。尊重创作者的知识产权。

国家市场监管总局对侵犯知识产权的行为严重打击。（见图 2-1-4）

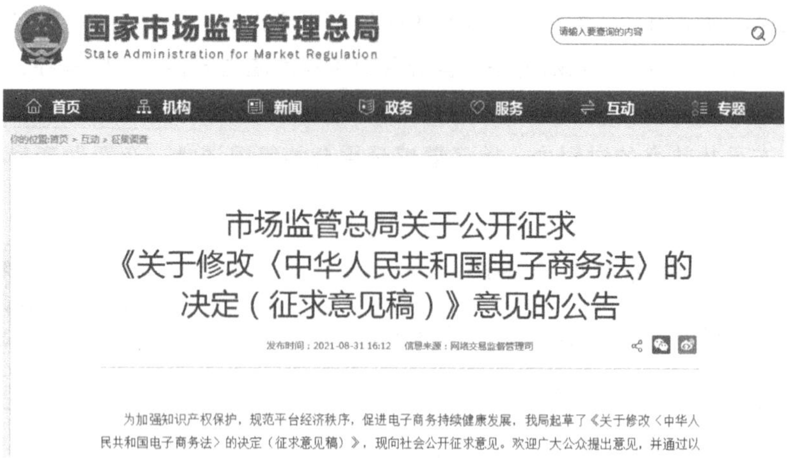

图 2-1-4　市场监管总局关于公开征求《关于修改〈中华人民共和国电子商务法〉的决定（征求意见稿）》意见的公告

2. 常见参考素材的外部收集

（1）常见参考素材的外部收集渠道。

① 网络常用搜索引擎。

用百度、好搜、搜狗这三大搜索引擎能直接收集标题和文章内容。

② 微信“搜一搜”。

微信是用户群体很广泛的 App。通过微信“搜一搜”功能可以搜索微信指数、视频、直播、公众号、朋友圈、文章、百科、视频号、商品、问答等内容。

③ 知乎。

知乎是很受年轻人群欢迎的知识交流平台之一。和传统搜索引擎相比，知乎问答开放平台给提供答案者与寻求答案者更多发挥空间。

④ 微博热搜。

微博的热搜榜是展示社会信息的重要窗口之一，“随时随地发现新鲜事”说明微博是一个信息沟通的平台。

⑤ 抖音排行榜。

创作服务平台是抖音创作者的专属服务平台，它让创作者及时掌握作品的反馈，从而根据用户的反馈进行内容创作的优化。同时可以查看排行榜，收集热点内容。（见图 2-1-5）

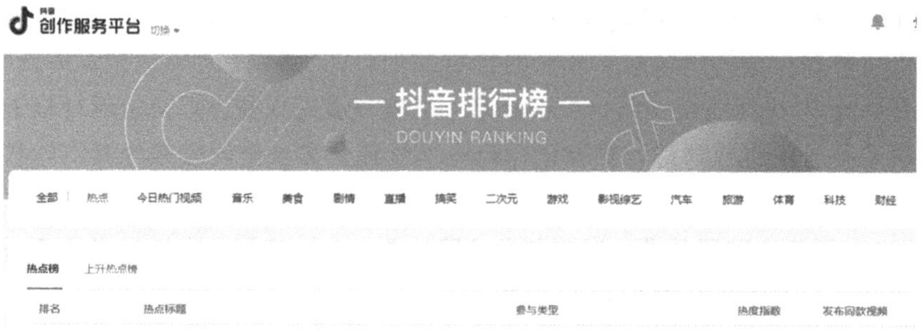

图 2-1-5　抖音排行榜

⑥ 易撰自媒体工具（见图 2-1-6）。

图 2-1-6　易撰平台

易撰基于数据挖掘技术，把各大自媒体平台内容进行整合分析，为自媒体作者提供在运营过程中需要用到的实时热点追踪、爆文视频批量采集下载、微信文章编辑器排版、标题生成及原创度检测等功能。

⑦ 同领域权威网站。

每个领域都有代表型网站，是很好的素材来源。“从思考到创造”的虎嗅网，定位是聚焦科技与创新的资讯平台，为热爱思考与发现的用户提供有效的信息服务。

（2）通过外部收集渠道的参考素材与原创。

通过外部收集渠道收集的参考素材，一定要结合自己的核心观点和原创素材，重新创作出原创作品。如果没有，则应避免简单组合成为伪原创。联系原作者取得转载权也有可能涨关注。

【案例】内容平台注重版权保护，一键保护原创内容

2021 年 10 月 29 日，哔哩哔哩（B 站）宣布推出“UP 主版权保护计划”，正式为 B 站个人创作者提供跨平台侵权稿件检测以及一键维权等功能。“UP 主版权保护计划”致力于保护 B 站创作者的原创作品。加入该计划后，UP 主（上传者）可主动将原创稿件纳入监测范围。B 站会自动展示站外侵权视频链接以及侵权视频预估播放量，并自动监测新增原创稿件的侵权情况。

在 UP 主点击侵权链接旁的维权按钮后，B 站将主动通过法律手段帮助 UP 主进行维权。同时 UP 主可在版权保护计划界面监控维权实时进程。该计划目前面向积累一定活跃粉丝，电磁力等级（站内创作数值体系）达到 Lv5 的 UP 主开放。

通过邮件或向 B 站人工客服沟通，电磁力等级未达标的 UP 主也能主动提交站外侵权视频。B 站将在 3 个工作日内开始处理 UP 主提交的侵权链接，并通过邮件告知 UP 主维权进展。

随着移动互联网的快速发展，数字化内容渐成主流，对于内容平台来说，优质内容就是流量入口。无论是文字、图片还是音视频，对于内容的版权保护成为平台必不可少的基础能力，有力的保护才能让更多的原创好内容涌现出来。实际上，随着大量优质原创内容的产出，版权规范化的进度也在逐渐加快。在鼓励优质内容生产方面，众多平台纷纷推出了鼓励扶持计划以及对原创内容的版权保护措施。

据悉，B站一直持续为UP主们提供更健康、更专注的创作环境，在创作端为UP主们提供4K120帧分辨率、HDR10、杜比视界画质等技术支持，并上线必剪等创作工具。“UP 主版权保护计划”的正式推出，则进一步在知识产权领域保障了B站全体UP主的合法权益。

（来源：《文旅中国》，发布时间：10-29，中国文化传媒集团有限公司官方账号）

2.1.4 素材收集计划的制订

1. 制订营销目标和计划

新媒体营销工作，首先必须要制订营销目标和计划，清楚完成的目标和任务是什么。根据目标和任务分析自身的优势、劣势、机遇和挑战，并分析竞争对手的优势、劣势、机遇和挑战（SWOT分析法，见图2-1-7），从中找出自身能满足用户需求的突破点。只有清晰地了解自身的目标和任务及营销推广核心优势和突破点后，才能够进行新媒体营销计划的制订。好的营销目标和计划，才能成为新媒体营销工作的好开端。

图2-1-7 SWOT分析法

在分析自身优势、劣势、机遇和挑战并找出核心优势——突破点后，制订营销计划。以现有的业务状况为基础原点，目标任务中的业务缺口，就是必须增加的新业务量，销售计划依据必须增加的新业务量而定。从营销角度，新媒体素材收集计划的制订是建立在营销目标和销售计划基础上的。

2. 素材收集计划的制订

（1）参考客户画像对内容进行规划。

将自身核心优势—突破点进行提炼，与客户画像进行对照分析，找到客户需求与产品价值匹配的场景，新媒体就是通过展现这些场景组合进行营销。

动画 2-1-3
客户画像

客户画像又称客户角色、粉丝画像，是客户属性的集合，是用以勾画目标客户和确定客户诉求、策划营销方式的有效工具。营销中一个产品需要 2～6 种类型的客户画像。

如图 2-1-8 所示是抖音生成的一个创作服务平台的粉丝画像，在粉丝比例方面：其中 41～50 岁占据 40%，31～40 岁占据 30.0%左右。在男女比例方面：男性是占绝大多数达到 67%，女性只有 33%。

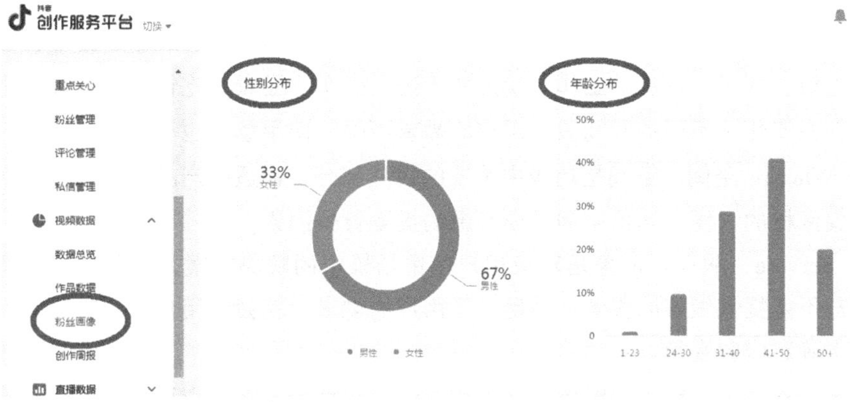

图 2-1-8　抖音制作服务平台粉丝画像

通过粉丝画像我们可以深入了解到粉丝使用的设备和兴趣分布，如图 2-1-9 所示，按手机类型，其中使用华为手机的比例最高，占据 37%；使用苹果的占据 18.0%左右；按拍摄兴趣分布，随拍兴趣占据大多数；按兴趣内容分布，排名第二是 11%的亲子内容。

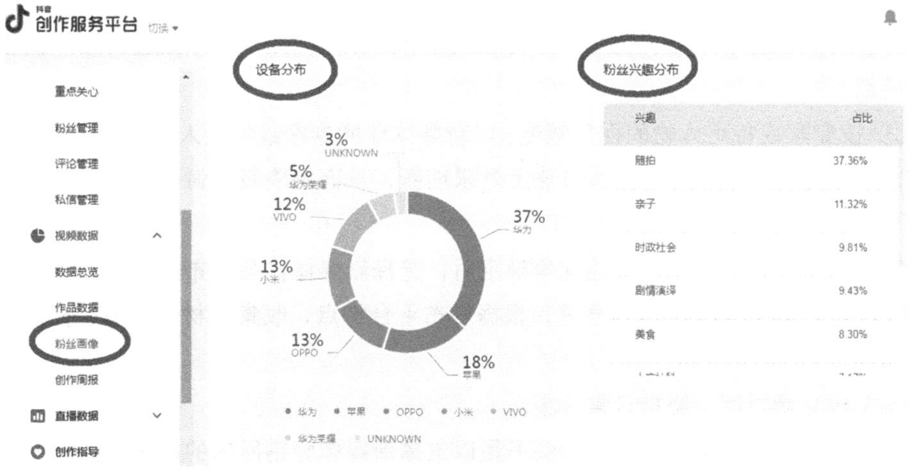

图 2-1-9　粉丝使用的设备和兴趣分布

客户画像对内容进行规划的价值主要体现在以下三点：

① 帮助呈现产品，帮助了解客户需求，有助于不断迭代调整产品的传播重点；

② 帮助确定市场策略，有助于调整营销内容、营销策略和渠道选择；

③ 帮助选择新媒体平台，有助于精准选择新媒体平台，提高转化率。

（2）将突破点与客户场景进行细分组合，得出收集素材的方向。

用户场景可分为 Who（用户）、Where（空间）、When（时间）、Why（动机）、Service（服务）这 5 个组成部分。

① Who：用户。用户是整个用户场景中的主角。用户是用户场景成立的先决条件，没有用户就无法成立用户场景的概念。

② Why：动机。需求动机是任何营销触发的源头，没有用户需求动机也就无法构建用户场景。需求动机产生，刚好产品可以为其提供解决方案，才促成了这个用户使用的场景。

③ When：时间。以工作日为例，每天上午的起床、洗漱、坐车、打卡、工作；中午的吃饭、娱乐、休息、工作；晚上的下班、坐车、回家、吃饭、娱乐等，用户需求时刻都在变化。不同的时间段，用户的需求不同，使用场景也有区别。

④ Where：空间。空间是场景中重要的组成部分，合适的产品需要合适的空间匹配。收集素材的时候，场景空间是要考虑的重要背景因素。

⑤ Service：服务。服务是对应用户使用场景中的解决方案，如果在用户需要的时候，却不能提供很好的服务，满足不了用户的需求，就会使用户场景缺失。

（3）确定内容视角。

收集的素材中，相关的图像、文字和声音可以直接发布，也可以注重观察艺术的结合，然后配合图像、声音等形式处理好它们之间的关系。合理地研究和使用视角，唤起受众的情感共鸣。

① 以第一人称的视角。叙述第一人称的视角，最大作用是让受众群体可以感知还原“我”所在的场景、经历的事件，以描述内心世界为特色。

② 按“上帝”视角的叙述。“上帝”视角也称为叙述视角，是第三人称视角的别称。第三人称叙述者如同无所不知的“上帝”，能够以非现实的方式不受限制地描述任何事物。这一视角以在同一地点的不同时间点展开叙述，或是多个角色的心声交替出现为特点。

③ 按专家或特定人物的视角叙述。以新媒体环境专家或特定人物视角，通过动画等方式来叙述，其特色是在创作方法上寻求创新，从而解决叙述讨论中的问题。

（4）选择内容呈现方式。

客户画像、用户场景、叙述视角确定后，选择新媒体作品发布形式，如海报、直播、短视频、动图、H5、公众号等，根据发布平台特点，收集素材的范围、要求、计划就明确了。

（5）建立素材库，坚持日常收集。

如果平时素材收集输入太少，会不足以支撑新媒体营销所需的持续的内容发布输出。建立素材库并坚持日常收集很重要。包括标题库、内容库、图片和音视频库。

任务实施

步骤 1：如图 2-1-10 所示，使用可上网电脑，建立“新媒体营销实务素材库”文件夹，设子文件夹“图片”“音频”“视频”“文字”四个；

图 2-1-10　新媒体营销实务素材库

步骤 2：全网查找浏览云南、福建、浙江三省范围内茶旅项目图文宣传，参考 2.1.4 所述“粉丝画像”，确定内容呈现方式；

步骤 3：计划春季开团预告场景，并开始收集参考图文素材。

【学习笔记】

任务 2-2 图文处理

任务目标

知识目标：

熟练掌握标题撰写、摘要设计、内容展开等文案写作与排版知识；
熟练使用在线编制作封面图、信息长图、海报、动图、美化二维码的方法；
熟练使用微信图文编辑器发布图文信息的方法。

技能目标：

能完成标题撰写、摘要设计、内容展开等文案写作与排版；
能使用在线图片编辑客户端制作封面图、信息长图、海报、动图、二维码；
能使用微信图文编辑器发布图文信息。

素质目标：

培养学生实际动手操作能力；
培养学生爱岗敬业的工作作风。

相关知识

2.2.1 图文素材处理注重原创知识产权

知识产权保护是新媒体图文素材处理的一个重要规则。2021 年发生一起素材使用相关的事件：不久前，一位摄影师称，自己去年所拍摄的一段延时摄影素材，有两组画面出现在了某热播剧的片头里，但他对此毫不知情。对于此事，该剧组后期制片介绍，该剧的片头、片尾系委托第三方影视公司制作。如涉及侵权，将由该公司与摄影师协调处理。

负责该剧片头片尾制作的公司回应称，是在某素材网站购买的该素材，并在素材权利主张方质疑后，第一时间与其及代理律师取得联系，向其解释了素材购买渠道及来源。此外，该公司还表示会尽快制作替换片头，并与剧组沟通尽快替换。

该素材网则发布道歉声明，称经过调查，是供稿人高某提供了非原创作品，已对其账号进行封禁，并终止合作。高某也是网站合作的实名供稿人，在签订合作协议时，都会承诺作品为原创，如果因侵权产生的法律和经济方面的责任，都由供稿人承担。

已经实施的《民法典》明确：故意侵害他人知识产权，情节严重的，被侵权人有权请求相应的惩罚性赔偿。目前，事件还在继续中。

通过这一事件我们可以看到，素材收集计划制订的第五个步骤中，素材要以原创为主。非原创内容则越来越难通过平台审核，不能获得流量、赚取收益。

就算是伪原创通过了审核，但如果被平台检测出是伪原创、搬运，会降低账号权重，进行限流处理。而 2021 年初，也有相关判例，判决被告提供伪原创服务，并赔偿原告经济损失及合理费用十万元。

2.2.2 素材收集计划制订中重视原创为王

从营销角度，新媒体素材收集计划的制订是建立在营销目标和销售计划基础上，所以在素材收集计划中，要特别注意对原创的追求，重视原创为王。

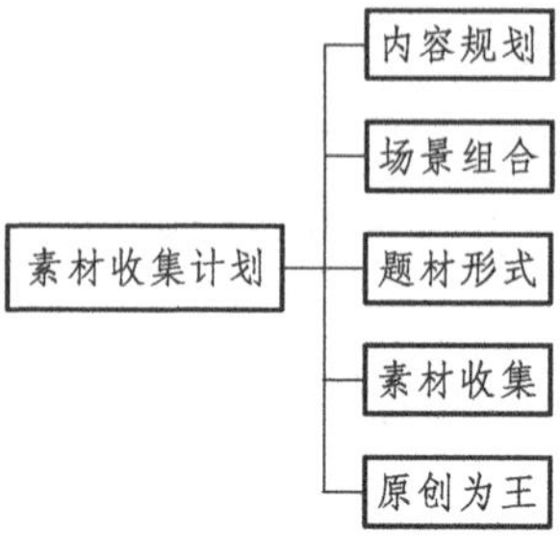

图 2-2-1　素材收集计划

原创受到国家《民法典》保护。《民法典》明确规定：故意侵害他人知识产权，情节严重的，被侵权人有权请求相应的惩罚性赔偿。

原创受国家市场监督管理总局相关法规保护。国家市场监督管理总局发布的《关于修改〈中华人民共和国电子商务法〉的决定（征求意见稿 2021.8）》中明确，对侵犯知识产权行为将限制网络经营活动，直至吊销经营的相关许可证。

素材收集计划中，原创很关键，有计划地用心收集积累，原创就不难了。

2.2.3 开启新媒体创作

在“1.2.2 新媒体营销主要工作岗位”中案例的招聘要求“有敏锐的网络热点捕捉力，擅于信息的搜集与编辑整理，拥有运营微博、微信等相关工作经验者优先”中，敏锐的网络热点捕捉力和新媒体文案撰写都需要收集素材。新媒体营销中，产品专属宣传素材往往是从内部收集的，内部收集的素材就是原创的。

原创是由个人或团队独立创作，且内容唯一的作品。更改、模仿或者抄袭其他创作产生的作品不属于原创的内容，翻译、整理、PS 其他人的创作所产生的内容图文也不属于原创。而各新媒体平台都在支持、扶持原创作品。

那么新媒体有真正的原创存在吗？有可能完成原创吗？

新媒体有真正的原创存在，有可能完成原创。

根据营销目标和销售计划，选择好内容具体的新媒体呈现方式，比如海报、信息长图，或是短视频，或是直播，或是地推。我们可以针对一个领域或者一件事件按照自身的理解来消化且进行创作、整理，组合起来就可以称为原创。

例如，某产品或服务，我们通过新媒体来营销，围绕这个产品和服务的人、事、产品的功能来展示撰写、描绘的新闻、背景、动态、历史等，同时将产品或服务的荣誉、行业认证等形象包装刻画出来，这就是原创。

一些看似平常的素材，如团队照片、工作照片、办公场所照片以及活动照片等，如果用多元化的展现方式能呈现出生机趣味，就是优秀的原创素材。所以，我们需要不断学习和积累，增加阅读量，从而提升自己的写作能力。对于电脑图片的设计技巧等，需要多去制作并注意加强艺术修养。在看到与自己领域相关的内容时，也应该记录下来作为今后的素材参考。搭建一个素材库，把独到的观点、突发的灵感、金句等都放进去，下次创作就会节省很多时间和精力，创作的灵感才会源源不断。这样更多、更好的原创素材内容才能生产出来。

就内部收集，以抖音为例，它有一个“热点宝”功能，汇集抖音热点，涵盖了每日的多条热点，也可查询历史所有热点。还有一个重要功能是协助创作者对潜力热点进行预测，预测事件热度趋势，从而快人一步发现潜力热点，提前 7 到 14 天知晓官方活动计划。

新媒体素材采集工具，可以协助采集新媒体素材，提高创作原创的效率。新媒体营销还要跟紧当下的热点，因为热点有机会产生巨大的流量。怎么在热点来临的时候，最快创造出内容呢？这一点就离不开外部收集。外部素材是从线上平台以及线下书籍、会展、论坛等收集的，包括使用百度、好搜、搜狗等搜索引擎直接收集标题和文章内容、图片信息；使用微信“搜一搜”，能搜微信指数、图片、视频、直播、公众号、朋友圈、文章、百科、视频号、商品、问答等内容；知乎是很受年轻层欢迎的知识交流平台之一；微博的热搜榜更是网民们透视社会舆论的重要窗口之一；还有虎嗅网、36氪等，也提供新商业、新科技、新创投、新职场等优质新闻。

外部收集的作用是提醒我们参考，但要防止进行伪原创。采集的内容很容易被直接拿来使用并发布，也更容易被平台搜索引擎打上“盗版”“抄袭”的标签，一旦被打上标签，再想获得排名就难上加难。

当按计划收集好图文素材，真正的新媒体创作就要开始了。

视频 2-2-1
标题的
撰写、摘要

2.2.4 文案写作与排版

新华网股份有限公司《新媒体运营职业技术等级标准 2021 年 1.0 版》对“新媒体内容编辑”的职业技能有如下要求：

① 初级要求。

能够初步了解标题撰写、摘要设计、内容展开等文案写作方法，熟悉基础的文字排版（颜色、字号、行间距、段间距、字间距、页边距等）方法。

② 中级要求。

能够精通标题撰写、摘要设计、内容展开等文案写作方法。对于图文类内容，能够对内容的字（字号、字体、加粗、上色、修改错别字、修改标点符号等）词（根据时效和目标用户保证强吸引力等）、句（逻辑、简单易懂等）进行优化。能够运用关键词、吸引力、精简性原则优化内容的标题。

参考以上要求，对新媒体营销中文案的写作与排版介绍如下。

1. 文案写作

新媒体文案写作是利用网络媒体与社交平台交互，进行有创意的紧扣用户需求的内容输出，目的是实现营销目标，主要包括标题、摘要、正文的撰写。

（1）标题。

标题必须起到吸引受众对文案的注意的效果，设计标题时，常遵循一些原则，如图 2-2-2 所示（来源：有撰）。

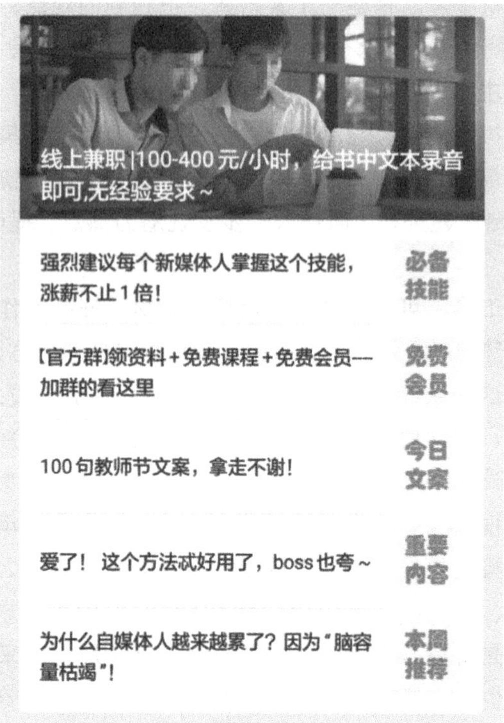

图 2-2-2 “有撰”平台标题一览

① 观点+现象，如“强烈建议每个新媒体人掌握这个技能，涨薪不止 1 倍！”

② 亮点+观点，如“大赛获奖者的共同场外教练，《新媒体营销实务》适用范围广”。

③ 关键词+关键词，如“领资料+免费课程+免费会员—加群的看这里”。

④ 常用字词+短句，如“爱了！这个方法忒好用了，boss 也夸”。

⑤ 悬念+观点，如“为什么自媒体人越来越累了？因为‘脑容量枯竭’！”

（2）摘要。

《国家文摘编号规则》对摘要的定义为以提供文献内容梗概为目的，不加评论和补充解释，简明确切地记述文献重要内容的短文。摘要的作用是不阅读论文全文就能使人获得必要的信息，常见写作方法有：

① 补充标题，摘要的第一句一般不与标题重复，而是标题的延续和补充。

② 告知预期，用户经常通过阅读摘要来判断是否有必要或是否值得花时间认真地通读全文，所以摘要可以预告阅读收获。

③ 加强推荐，慎用长句，句型应力求简单且不分段。

（3）正文。

① 开头：一个好的开头能吸引读者有兴趣继续阅读，开头应该制造悬念，让读者

可以感同身受，吸引读者的注意。要引发读者的信任。

② 内容：字数是有限的，不是说得越多越好，设想一下如果看到一篇一万多字的文章，你会有想看下去的冲动吗？内容要清晰，要能清楚地表达出自己想要表达的东西。内容里也可以引导读者的关注。

③ 图片：封面图要使用自己设计好的，不能随便在网上复制，图片要根据内容来选择和设计，不要乱搭配。

④ 结尾：要用心地做，一个好的结尾总能带来更多的转化率，从而更好地达到营销目的，呼吁读者行动起来。可以是总结，让读者更好地吸取更多的知识；可以是贴近读者的话语，让读者能找到共鸣，引发更多的思考；也可以是引用，使读者感触颇深。

2. 新媒体营销文案具有营销变现逻辑

文案引起兴趣，逻辑促进交易。

1. 文案排版

（1）发布平台内排版，以微信公众号后台图文消息栏目为例。

① 文案排版基础部分。

如图 2-2-3 所示，这一部分包括格式、字号、加粗、斜体、下划线、删除线、字体颜色、底色、对齐、首行缩进、两端缩进、段前距、段后距、行间距、字间距、序号列表、插入表格、引用等功能。

图 2-2-3　微信公众号后台图文消息栏目

② 优化排版。

包括图片、视频、音频、超链接、小程序、模板、选择封面、120 字符以内的文章摘要等。（见图 2-2-4）

（2）采用在线编辑器排版。

排版可以通过 135 编辑器、秀米、壹伴等在线编辑器完成。

如秀米采用板块化编辑方式，无论是文字、图片还是模板，都被处理为相应布局，使排版拥有更多的空间。软件内也提供了一些可商用模板素材，使用这些素材可使排版整体风格比较统一，如图 2-2-4 所示（来源：秀米）。

图 2-2-4 “秀米”编辑软件界面

使用时可以快速寻找与需要发布内容风格相近的可套用模板，对模板进行设置，调整一些细节，改成自己的图片和文字，完成排版。

扫码授权登录自己的公众号后台，就可以复制秀米上排版内容在公众号后台预览、修改、发布，如图 2-2-5 所示（来源：秀米）。

图 2-2-5 通过“秀米”复制到公众号后台

各个编辑器往往有在线学习教程，使用者可以快速熟悉掌握，提高工作效率，如图 2-2-6 所示（来源：秀米）。

无论使用哪一种排版方法，相对一致的排版风格可以提高品牌识别度，提升品牌营销收益。

图 2-2-6 “秀米”在线图文教程

2.1.5 用在线图片编辑器进行图文设计

在新媒体营销中，文字重要，图片也重要，用在线图片编辑器进行图文设计必不可少。

新华网股份有限公司《新媒体运营职业技术等级标准 2021 年 1.0 版》对“新媒体内容编辑”的职业技能初级有如下要求：

① 能够掌握图片、图标、GIF 图等在新媒体产品中的作用，按照精品化、高清化、无版权争议等使用原则进行图片的搜集；

② 初步掌握简单的图片制作软件进行图片的设计制作;初步掌握图片压缩、格式转换、无缝拼接长图等图片排版方法。

参考以上要求，对在线图片编辑器与图片设计介绍如下：

1. 常用在线图片编辑器

视觉时代，图的吸引力影响着账号的点击率和关注人数，也是品牌形象的重要体现。图片与新媒体文章内的配图等共同反应品牌视觉风格和调性。

动画 2-2-1
视觉时代

新媒体行业中的从业人员，非专业设计师也承担设计工作，便捷掌握并能高效使用的工具是在线编辑器。

图帮主、懒设计、图怪兽、可画、草料二维码等是常用的在线图片编辑器，如图 2-2-7 所示（来源：图怪兽）。

图 2-2-7 “图怪兽”编辑软件界面

以图怪兽为例，该平台上有手机海报、节日海报、营销长图、公众号封面、日签、宣传单、名片、背景墙、Logo 等数众多用图场景可以使用，文字、图片、视频等多种格式可以制作编辑，如图 2-2-8 所示。

图 2-2-8 “图怪兽”软件中各类场景、格式

使用在线图片编辑器制作时，遵循三大步骤：

第一，根据相关主题，选择行当模板、修改成符合需要的尺寸；

第二，选定图文，编辑图文、替换标志；

第三，调整图文，预览审查，导出发布。

图 2-2-9 “图怪兽”关于版权的风险提示

在使用在线编辑器时，在宣传推广过程中，要建立原创图库，或购买版权的素材，做到精品化、高清化、无版权争议，避免侵权风险，如图 2-2-9 所示（来源：图怪兽）。

2. 图片设计

（1）封面图。

① 首先确定封面图尺寸比例，例如微信公众号封面图比例为 2.35∶1 或 1∶1，或其他比例。（见图 2-2-10）

图 2-2-10 选择封面比例

在线图片编辑器选择模板制作可创建 900×383 的画布尺寸，再挑选深色画布颜色作为底色，能够突出文章标题，如“新媒体营销实务”。（见图 2-2-11）

图 2-2-11 创建画布

② 封面上使用的图片与底色相协调，目标一致，共同突出主题。（见图 2-2-12）

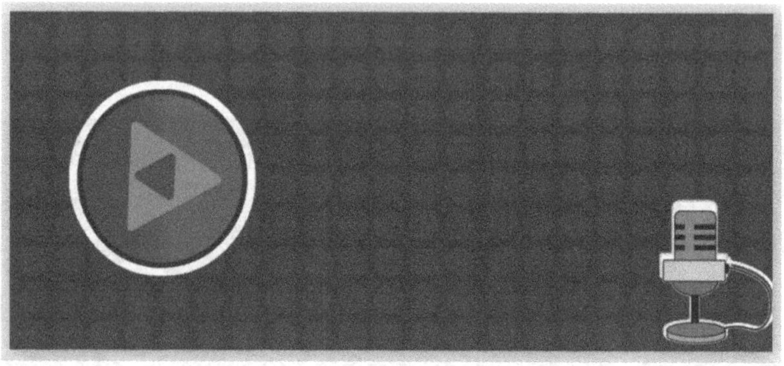

图 2-2-12　添加封面图片

③ 在封面上需要添加文字时，4～8 个字能够诠释清楚文章内容就好，字的位置尽量居中。（见图 2-2-13）

图 2-2-13　添加封面文字

④ 设计完成后，对图片进行预览，确定后保存，可以是 PNG、JPG、PDF 格式，并相互转换。

（2）海报与长图。

新媒体营销中海报的主要作用是引起关注、引导参与。一个品牌或最新的产品或者是活动做推广宣传。仅仅一段文案跟海报比起来，海报是图文并茂，可以给用户更为吸引的阅读感。

在新媒体时代，用户大多是碎片化的阅读，碎片化阅读背景下，海报是吸引用户快捷且相对视频较低成本的获取高曝光机会的营销方法。

① 海报的设计结构组成。

所有的海报，结构上都是由背景层、图形层、信息层组成。

背景层一般用是摄影元素或者纯色。实现阅读便捷可以从 4 个方面入手：海报背景图、内容数量、字体大小、排版结构。首先背景不能喧宾夺主，如果把主要文字或图片都淹没掉了，就没有主次之分，不利于用户一眼获得重点。

图形层注意使用一些具有新异特点的图形，因为视觉通常忽略一些司空见惯的图形，海报设计时这些图形只能够沦为背景。因此海报设计为求创新，可以打破思维惯性，对图像所描述事物的正常的空间透视、大小比例、质感、视觉等要素进行改变。通过这种方法，可以营造出反常规的视觉效果，图形表现形式的视觉冲击力可大大提高。

信息层以文字为主。内容数量尽可言简意赅，读图不是为了读文字。字体大小要考虑用户的阅读场景。比如在朋友圈，有些海报需要点击放大才能看到信息，而有些就直接能够看清楚，这就方便很多。

② 海报的营销设计要点。

设计海报时，从突出营销效果的关键点，有明确目的、需求焦点、快捷阅读和激发互动 4 个要点。

A. 明确目的。

明确目的是设计海报的首要任务。传播通知、产品展示、实现转化等不同的目的决定了海报设计的策划思路。如果是针对新产品宣传，通过一张海报实现转化，吸引注意力、传递信息、引导扫码、跳转销售等功能都要具备。

B. 需求焦点。

海报上的内容都必须是用户关注的需求焦点，需要针对不同的需求焦点设计不同的海报。例如同一个产品，新媒体营销人员关注的焦点是下单量、复购率等；清楚用户需求的海报设计，就能传递价值。

C. 快捷阅读。

读海报不是为了读文字，海报的信息避免表达繁多复杂，缺乏阅读便捷性。

D. 激发互动。

新媒体海报注重读者阅读海报信息时，产生交互行为。二维码、识别码使读者与海报实现零距离交流，便于读者理解海报信息同时，实现新媒体的购买和传播功能。设计海报最好能激发互动，使读者成为购买者同时也能成为海报信息传达的助推人。

③ 新媒体海报的制作。

新媒体海报根据用途分类包括招聘海报、活动海报、励志海报、人物海报、营销海报等，特点是有互动方式，增加品牌与用户下一次接触的机会。主题关键词需让用户一目了然，同时放置二维码、地址、电话等。

根据形式区分有竖版海报、横版海报、长图。图怪兽可提供微信编辑器功能、在线 Ps 照片处理、拼图、图片制作、在线设计、平面设计、海报设计等。

以长图制作为例：

A. 首先在图怪兽模板页面选择“长图”模板创建画布尺寸，如 800 × 2000 是长图的常见尺寸。

内容是长图的核心。根据营销目的给用户设计一个场景，例如“暖心助农”场景，以助农为主题画面选择一个主图。（见图 2-2-14）

图 2-2-14　选择助农主题的主图

B. 销售的产品的小图风格和色调与主图保持一致，避免使用复杂的线条、渐变色等，配合全图的主题拼接。

如图 2-2-15 所示“精品橘子、热卖草莓、精品香蕉”这三个产品，长图虽长，放在上面的产品数量只有三个。

图 2-2-15　三个展示产品

C. 长图整体分标题板块、内容板块和销售引导板块。

标题板块以主图为背景，重点展示长图的主题。信息数量要平衡，要有留空，留空可以使图片和文字有呼吸空间。

a. 标题板块以主图为背景重点展示长图的主题。(见图 2-2-16)

图 2-2-16　标题板块

b. 内容板块是长图的销售核心，由小图和简要文字组成，使用序号、色块、线条等视觉逻辑标志提示用户注意销售的关键信息。

如图 2-2-17 所示，新客消费满指定金额，“即可领取指定水果一份”和“一次性消费满额赠送代金券”这两个活动条例，用了线条框和语音播放的视觉逻辑标志。

图 2-2-17　内容板块

c. 引导销售板块，应注明销售机构、付款方式、联系方式等信息。“赶紧扫码选优质产品吧”右侧，留出摆放收款码的空位，如图 2-2-18 所示。

图 2-2-18　引导销售板块

d. 预览后保存并导出想要的格式。

以上环节组成的完整长图如图 2-2-19 所示：

图 2-2-19　完整长图

海报是通过图像和色彩来实现充分的视觉冲击力的，表达的内容要精炼，抓住主要诉求点，并且是以图片为主，图中文案为辅。

主题字体一定要醒目，如加粗与飘红，目的是以最短的时间激起用户点击欲望。

（3）动图。

动图是指当一组特定的静态图像或视频以指定的频率切换而产生某种动态效果的图片，常用 GIF 三个字母表示，是 Graphics Interchange Format 的缩写。新媒体常见的表现形式是 GIF 动画，它是通过对多图层的图片，按时间进行不同的切换，从而达到动画的效果。

由于动图比静态图片更有趣生动，人们在线聊天时常用。多数是在网络上下载别人制作好的动图。新媒体营销中，制作原创动图，能更强地表述营销信息，加深用户对我们的印象。

如果采用智能手机在应用商店中查找“GIF”关键词，就可以下载相关手机应用软件进行编辑操作。而电脑使用在线图片编辑器则更为素材丰富，处理高效和快捷。

以下以迅捷视频转换器制作动图为例。

A. 将视频文件上传至迅捷视频转换器。

图 2-2-20 上传视频

B. 视频上传完成后，截取有效片段，确定后转换为 GIF，预览后保存并导出。（见图 2-2-21）

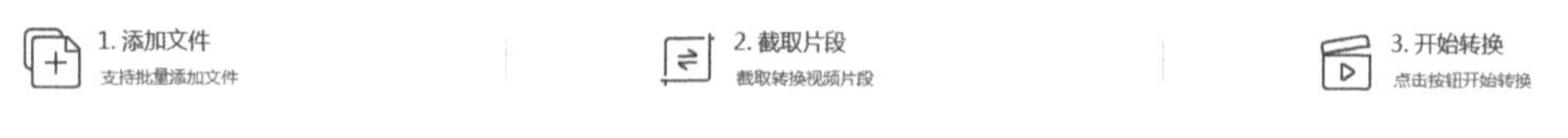

图 2-2-21 保存并导出

GIF 中文网、压缩图、soogif 也都可以在线制作动图，并支持在线录屏、压缩、图片合成、拼图等功能。

制作前要先确定将使用动图的新媒体平台。不同的发布平台，对动图的尺寸、时间长度要求往往有区别。

（4）二维码。

图 2-2-22　美化的二维码

图 2-2-22 是美化后的“易撰”二维码。

二维码是重要的营销连接器，与用户沟通互动会使用各种形式的二维码，其生成和美化都可以使用在线编辑，有第九工厂、草料二维码等，生成的场景很多，如图 2-2-23 所示。

图 2-2-23　“草料二维码”编辑软件界面

草料二维码不仅是一款二维码生成工具，还可以快速制作包含各类内容的二维码，自定义添加 logo 和文字，修改颜色、码眼等样式；还有透明背景的二维码矢量图。

草料二维码还支持文本、网址、图片、微信号、名片等信息生成二维码。

图 2-2-24　上传图片

在草料首页顶部导航栏选择「图片」，上传微信二维码图片（见图 2-2-24），可添加更多描述内容，点击「生成二维码」即可（见图 2-2-25）。

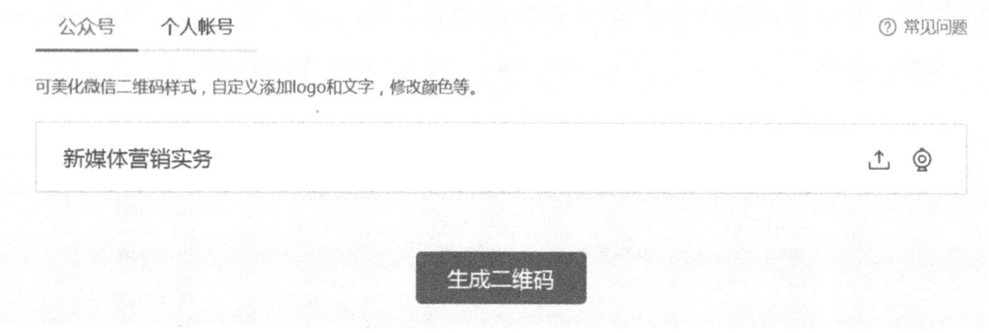

图 2-2-25　生成二维码

在设计将完成时，我们对图片进行预览，确定后保存，可以是 PNG、JPG、PDF 格式，并相互转换。

常用的封面图设计好，可以放置二维码、地址、电话等，还有主副标题，简介、注意事项等。

注意区别：

① 海报：通过图像和色彩来实现充分的视觉冲击力；表达的内容精炼，抓住主要诉求点；以图片为主，文案为辅 ，主题字体醒目。

② 图文：内容与营销主题有相关度，内容具有原创性、独特性，内容有抢先性和长效性。

【案例】微信的进化史，图文营销的阵地

摘要：

互动图文的出现，一个角度看是企业、媒体、个人宣发 IP 或品牌的一个尝试，但另一个角度也恰是微信在信息域场角色的进一步强化，躲不开的一个事实是，当下的企业可以没有抖音，也可以不布局电商，更可以不落地线下，但绝对不会丢掉自己在微信的主阵地。不过，就如今而言，这个阵地正在迅速“固化”。微信在进化的同时，也更在加速折叠，不论对企业，还是个人而言，想要讲好一个“新故事”，已经不仅仅是那么简单。

裂变：图文互动。今年 7 月 1 日，麦当劳官方微信公众号的一篇推文在朋友圈被传爆，最终其传播数据是阅读 10w+，在看 10w+。这篇推文的亮点在于交互——用户点击图文中「盲盒」的对应位置，页面就会跳出对应的小黄人公仔，而这种互动在全文出现的频次高达 80 多处，尽管如此，从留言来看不少用户仍然全部“点了个遍”。

单纯从数据纬度来看，这篇推文的在看数高达平日推文在看数的 60~80 倍，而据推测，它的最终阅读量更是至少在 1000w。这是一个可以和人民日报、新华社这样的国家媒体报道重大事件相当的阅读量级别。

显然，这是一个绝佳的企业营销案例。如果对其进行剖析不难发现，恰是因为图文中加入了“互动”因素，即用户可通过“点击”来使图文发生变化。和大部分静态文字不同，其等同于是在生动的条漫基础上加入了动态交互，基于此用户的参与度和转发评论才大大提升，进而最终产生几何级别的传播效果。这种操作的一个直观类比是，“在电商中加入游戏”，而这种模式拼多多已经用连续多个季度的股价上扬，和近千亿美金的市值作了证明。

细致来看，类比拼多多早期主打拼单的游戏模式，人们在电商中有了足够强的参与感，就自然会滋生出购买欲望，而同样的，在静态的图文中加入互动，也更等同于是嵌入游戏模式，用户的观感体验会更好，分享和参与的欲望自然也会更强。

可以说，这种基于图文模式的新营销方式更利于商家打造微信传播主阵地，进而在用户中建立品牌口碑。

对于微信，营销这个词从某种意义上来看更等同于信息传递，不论是基于个人或媒体 IP 的打造，还是从企业角度进行的品牌宣发，都必须接受微信边界的层层削弱。

数据为证。一组数据显示，微信图文在 2016 年打开率为 10%，而到了 2018 年，这个数字降到 5%，近两年更是下滑趋势不止，降至不足 3%。不难看出，微信公众号的分发职能在互联网短视频业态的迅速发展中被显著压低。

可以说，互动图文的出现，一个层面看是企业、媒体、个人宣发 IP 或品牌的一个尝试，但另一个角度也恰是微信在信息域场角色的进一步强化，一个职能的转变。更可以看作，这是微信在边界之中自然成长的信息表达新模式，即基于公众号的互动和营销。

从更深的角度来看，随着直播、短视频的兴起，人们已经习惯了交互模式，而交互图文恰是给微信公众号提供了这种符合趋势的营销模型。

（来源：钛媒体 App　发布时间：2020 年 10 月 26 日
鲲鹏计划获奖作者，钛媒体 App 官方账号，优质科技领域创作者）

任务实施

→步骤 1，下载“图怪兽”PC 客户端。

→步骤 2，根据要求练习编辑海报；

→步骤 3，打开“秀米”网页，如图 2-2-26 所示。

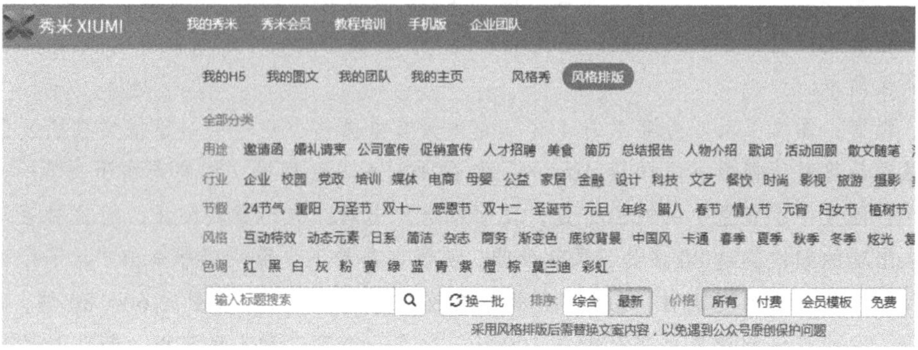

图 2-2-26 “秀米”网页

→步骤 4，根据要求编辑图文。

【学习笔记】

任务 2-3　音视频处理

任务目标

知识目标：

熟练掌握音、视频素材搜集；

了解音频录制、剪辑、配音知识；

熟练掌握使用在线编辑完成视频剪辑、字幕、配乐、配音、转场、格式转换的方法。

技能目标：

能根据营销目标制订素材收集计划；

能对计划中的音、视频素材进行搜集；

能进行音频录制、剪辑、配音；

能使用在线视频编辑完成视频剪辑、字幕、配乐、配音、转场、格式转换。

素质目标：

树立科学的设计创新意识。

相关知识

2.3.1　音、视频营销的价值

在音、视频的新媒体营销方式出现以前，新媒体是通过文字性较强的软文进行广告宣传营销。在新媒体音、视频出现后，营销价值体现在：

（1）流量价值：品牌覆盖面得到扩大。

（2）用户价值：提升品牌转化率。

（3）产品价值：提升品牌的互动性。

使用高质量的音、视频作品向外辐射，能做好场景式营销，使用户从路人转变到自发参与，再到消费和裂变。

2.3.2　音频素材收集

1. 内部收集

自行制作的音频素材主要是解说、音效和录音。

首先是手机可以录音。以华为手机为例，第一步在我们的手机中打开录音机，点击中间的录音图标，开始录音。

手机适合普通场景，录音结束了就点击完成；然后命名录音文件，点击保存，就可以看到刚刚完成的录音，点击可以进行播放，也可以分享。

使用电脑录音，这里以“迅捷录音”软件为例。如图 2-3-1 所示，进入主界面“格式选项”，可以选择录音的格式，有 MP3、WAV 两种选项。

图 2-3-1 “迅捷录音”软件主界面

然后点击“声音来源”，如图 2-3-2 所示有“全部”“仅系统声音”“仅麦克风声音”三种选项。

图 2-3-2 “声音来源”选项

选到后，如图 2-3-3 所示点击“更改目录”“打开路径”，分别更改目录和文件保存位置。

图 2-3-3 文件保存选项

最后点击“开始录制”，软件就会根据上方所设参数对电脑音频内容进行录制，并存储录制的音频。

录制音频时，要注意防震。手持话筒，话筒和手之间的摩擦及手的晃动也容易引入一些噪音。可用棉布包裹后再用手持，以减少噪音。

使用话筒架，使话筒和建筑物直接接触，很容易将地板及建筑物的震动传入话筒，噪音是较为明显的。可用柔软的棉布松软地包裹话筒的手持处，再固定于话筒架上。话筒架的脚都垫上软物效果也不错。

话筒与嘴间距离应控制在 8 ~ 10 cm 左右。话筒咪头应从脸颊一边斜对（45 度角）着嘴巴，这样不会让气流直接喷到话筒咪头上。

还要注意将话筒远离显示器，必要时将显示器关掉，以避免显示器工作时向外辐射产生的电磁噪波。

2. 外部收集

外部收集以从线上平台收集为主，如爱给网、耳聆网都收录了上百万音效素材，包括常用的音效、影视音效还有游戏音效等，分类明确，基本可以满足日常剪辑的音效需求。图 2-3-4 所示为耳聆网部分素材。

图 2-3-4 “耳聆网”收录部分素材

对京东合作商家和京东平台达人用户免费开放的京东版权素材中心，内含上亿张优质版权图片素材，包含：创意图片、设计素材、人物肖像、矢量 ICON 等种类，同时引入多样化的主流字体等，也有音频素材。

新媒体营销是商业行为，《著作权法》第十四条关于录音录像制作者的义务中明文规定：“录音录像制作者使用他人作品制作录音录像制品，应当取得著作权人许可，并支付报酬。”使用原创或购买版权素材再进行配乐配音很重要。

而免费也会涉及版权问题，在收集网上的素材使用时，需注意使用范围和场景、方式。

2021 年 8 月 16 日，张女士通过某短视频平台账号发布致歉声明，其于 2020 年 12 月 21 日发布的一条短视频，因涉嫌侵权被某企业告上法庭。判决书显示，张女士在某短视频平台上发布了一则配有某企业广告音乐以及相关广告词的视频，含有猫舔人的脚趾、裤腿等画面。

法院认为，该视频明显贬损侮辱某产品品牌名誉，侵权行为成立。案涉视频用猫舔裸露脚趾的镜头配上该品牌产品广告音乐和广告词，使人联想到光脚很“臭”，这与品牌产品的浓“香”属性直接违背。最终，法院判决张女士在其短视频账号首页置顶发布致歉声明，向企业赔礼道歉，消除影响，持续时间为连续 30 日，且声明内容需要经法院审核。另外，于判决生效之日起十日内赔偿企业经济损失 7 万元。

2.3.3 常见在线音频编辑器

1. 音频编辑的内容

音频编辑主要是对音频剪辑和混合环境，包括对音频素材进行录制、裁剪、视频提取、调整长度、调整音高、淡入淡出、插入静音、插入噪音、倒放、编辑多个频道、音量关键帧调节、降噪等。

编辑后的音频输出有 mp3、wav、m4a、wma 等格式的音频文件。

视频 2-3-1
音频编辑、
配音知识

2. 常用在线音频编辑器

万兴喵影、Adobe Audition（AU）、迅捷文字转换语音、迅捷音频转换、剪映、闪电配音等在线音频编辑器较常用。以万兴喵影为例，如图 2-3-5 所示。

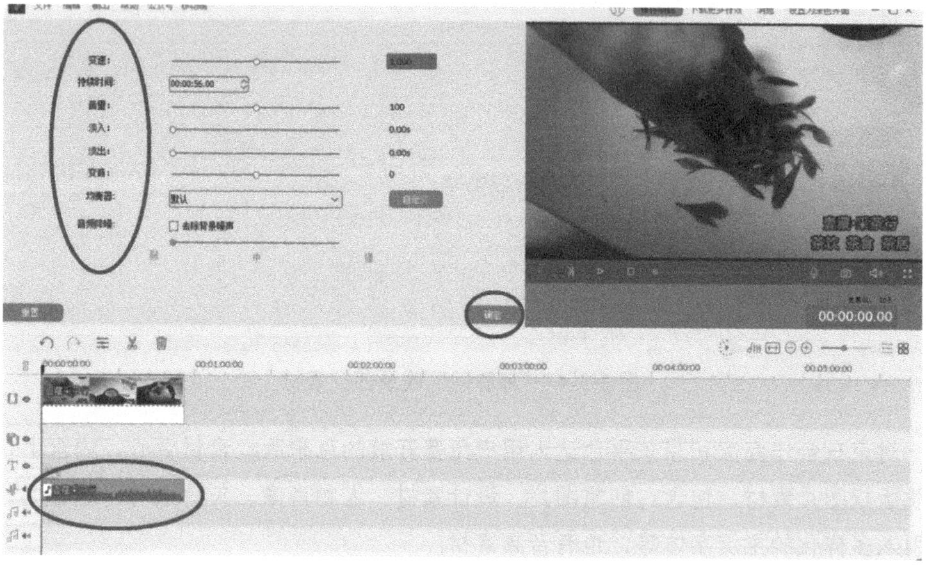

图 2-3-5 “万兴喵影”界面

① 左上方菜单栏：包括各项音乐效果的快捷键等。

② 可以点击“文件”打开本地文件夹，选择需要制作的音频或者拖拽视频到软件中。

③ 下方有一个视频和两个音频轨道，可以将一个视频中的音频分离出来，与另一个选用的视频在编辑框中进行编辑音频大小、变声等。

2.3.4 音频处理的效果

新媒体音频处理中常需要将图片中文字和不同格式的文字转成语音，进行配音和语音合成。

1. 图片文字转语音

（1）文字直接转语音和配音。

① 使用“迅捷文字转语音”软件。进入软件界面后，点击窗口左侧“文字转语音”，弹出“输入文字转语音”，将文案复制粘贴进去。（见图 2-3-6）

图 2-3-6 “迅捷文字转语音”软件界面

② 在软件界面窗口下方是设置部分，在里面可以选择语音类型，如热门、女声主播、男声主播、童声主播等。风格、语速、音量、背景音乐、主播语调、输出格式、输出路径都可以设置。（见图 2-3-7）

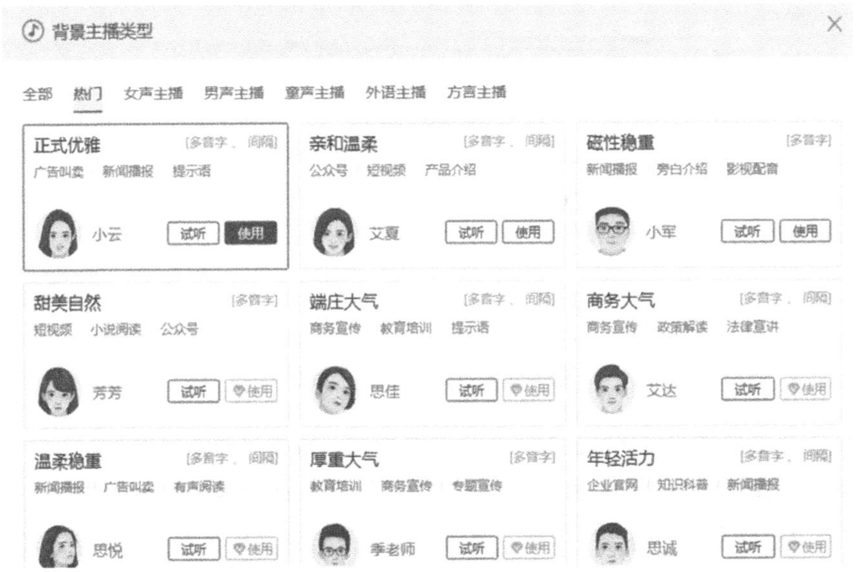

图 2-3-7 设置界面

③ 设置过程中，可以点击“试听一下”进行试听。

④ 最终确定后点击“开始转换”。

（2）图片文字转语音。

① 使用“迅捷文字转语音”软件。进入软件界面后，点击窗口左侧“工具箱”，弹出“图片翻译”。（见图 2-3-8）

图 2-3-8 “图片翻译”界面

② 在软件界面窗口中间下方点击“添加图片”，可以直接添加 JPG、JPEG、PNG、BMP 格式图片，然后点击软件界面窗口右侧下方“翻译”，如图 2-3-9 所示：

图 2-3-9 “添加图片”界面

③ 图片中的文字将转换到软件界面窗口中间，可校对并直接修改。

④ 最终确定后，重复“文字直接转语音”操作，就完成了图片文字转语音。

使用“迅捷文字转语音”软件，还可以完成录音转文字、视频转文字、视频转移音频等在线编辑功能。

【案例】小米、中文在线投资蜻蜓 FM，活跃的“耳朵经济”发展趋势如何？

摘要：

随着线上娱乐发展以及音频技术的创新，以及线上音频社交的逐渐兴起，在线音频行业受到广大用户的关注。对于包括蜻蜓 FM 在内的在线音频平台来说，内容矩阵的丰富度决定了平台对于用户的吸引力。

中国在线音频用户规模 2021 年预计达 6.4 亿。iiMedia Research（艾媒咨询）数据显示，中国在线音频用户规模保持连续增长态势，预计到 2022 年，在线音频用户规模将达到 6.9 亿人。艾媒咨询分析师认为，在政策、经济、技术及社会需求的推动下，以网络听书、音频直播、知识付费等业务模式为主的网络音频行业逐渐普及到各个年龄层的用户。

（来源：艾媒网 iimedia　发布时间：2021 年 10 月 27 日）

2.3.5　视频素材收集

视频 2-3-2
视频素材收集

在以视觉传媒为主的时代，视觉叙述打破了长久以来文字与图片叙述“一统天下”的绝对优势，降低了对观众文化背景与经验的要求，使更多不同文化背景与文化程度的人都能够从视频中获得相应信息。

新媒体主要传播的是时长在 5 分钟以内的短视频内容。

随着移动终端普及和网络的提速，短视频的大流量传播内容逐渐占据各大平台。与千篇一律的同质化视频内容相比，原创营销作品往往更容易获得成功。因此，创作视频素材也是许多机构对相关岗位的职业技能要求。

新华网股份有限公司《新媒体运营职业技术等级标准 2021 年 1.0 版》新媒体内容编辑对相关职业技能的要求为：“中级要求：能够初步掌握视频拍摄的方法，拍摄构图、镜头取景、镜头的运动、镜头的转场等。”

参考以上要求，本书从以下方面介绍视频拍摄基础技能。

1. 视频拍摄的基本方法

（1）基本设备。

① 720P/1080P 的智能手机；

② 补光灯；

③ 可支架固定的麦克风。

对视频画质要求更高时选择可微单相机、单反相机拍摄，灯光可根据需要增加主灯、反光伞等。

录音尽量使用支架固定麦克风，手持麦克风因颤动会带来噪音。

（2）取景构图。

① 特写，人体肩部以上；

② 近景，人体胸部以上；

③ 中景，人体膝部以上；

④ 全景，人体的全部和周围背景；

⑤ 远景，被摄体所处环境。

如图 2-3-10 所示，在视频中，景别变化可以使故事情节的叙述、人物感情的表达、人物关系的处理更具有表现力，从而增强视频的感染力。

图 2-3-10　不同系列

（3）运镜转场。

摄影机在运动中拍摄的镜头，叫运动镜头，也叫运镜，应力求画面平稳、保持画面的水平。

① 推，即推镜头，被摄体不动，由拍摄机器做向前的运动拍摄，取景范围由大变小，突出主体人物，突出重点形象。

② 拉，即拉镜头，由拍摄机器做向后的拉摄运动，取景范围由小变大，把观众的注意力由局部引向整体，使人获得一个较为全面的印象。

③ 摇，指机器位置不动，机身依托于三脚架上的底盘做上下、左右、旋转等运动，可以更好地表现空间，表现人和物在空间的关系，可以把环境中的事物连起来表现。

④ 移，又称移动拍摄，移动拍摄专指把摄影、摄像机安放在运载工具上，沿水平面在移动中拍摄对象。移拍与摇拍结合可以形成摇移拍摄方式。

⑤ 跟，是摄像机跟随运动中的物体拍摄。有摇跟和移跟，也可以连摇带移地跟，作用是更好地表现运动的事物。

转场是运用空镜头接转下一个镜头，如图 2-3-11 所示，模拟“风”“放大”等空镜头，有让观众在情绪上缓冲过度的效果。

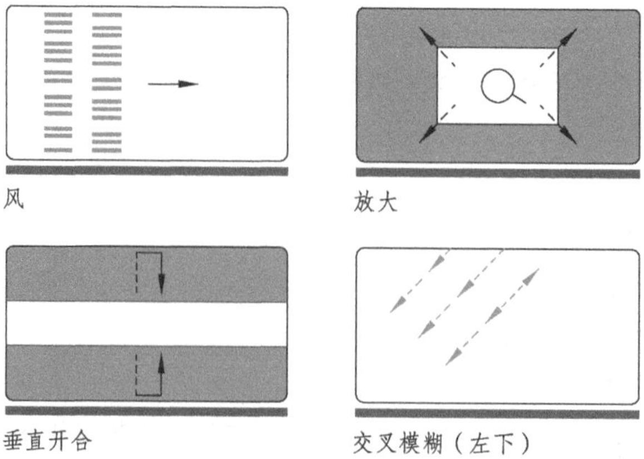

图 2-3-11　空镜运用

2. 外部收集视频素材

Pexels 素材网站提供海量视频素材模板、电子相册模板、特效素材、片头片尾、倒计时素材等。

淘金阁、自媒咖、易撰等网站是目前新媒体下载视频的广泛聚集地。但是，外部收集视频素材时很多人都会在这些网站下载，重复的概率会很高。

2.3.6 在线视频编辑器

常用视频编辑工具有以下几种：

（1）手机剪辑。

使用快影、剪映等，可自由分割视频，其中还包含热门素材和特效和音效，可以直接导入。如登录抖音号可以直接把抖音收藏的歌曲在剪映使用。

（2）电脑编辑。

使用电脑软件或在线视频编辑器时，一般要求：

① 常见视频格式互相转换；

② 视频合并、分割、转 GIF；

③ 多种转场方式，无缝衔接；

④ 导入文件，智能生产字幕；

⑤ 智能配音；

⑥ 视频和图像混合打造双重曝光和艺术外观等。

如万兴喵影（见图 2-3-12）、迅捷视频转换等，都可以实现视频素材的添加、切割、合并、画面剪辑、字幕、配乐、配音、转场、格式转换。

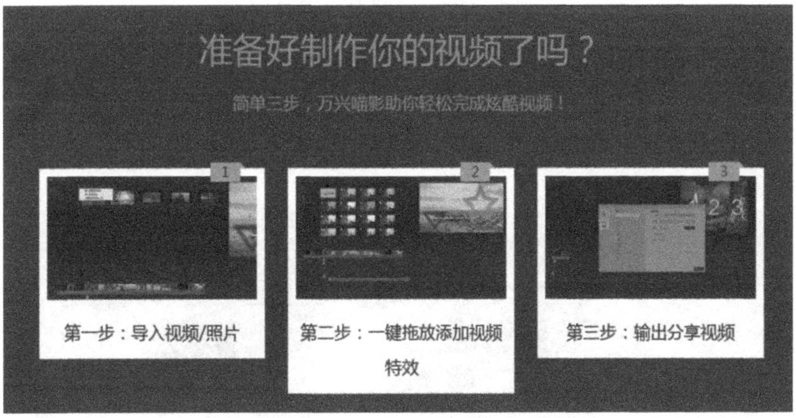

图 2-3-12 “万兴喵影”软件

2.3.7 视频编辑效果

视频编辑是使用视频制作软件或在线视频编辑器进行视频素材的综合处理，使处理后的视频逻辑顺序和结构更严密，使用户的观感体验更好，生成具有强大表现力的短视频。

动画 2-3-1
爆点

新媒体营销视频编辑的核心是内容、爆点、记忆点、满足用户猎奇心理等。

动画 2-3-2
记忆点

新华网股份有限公司《新媒体运营职业技术等级标准 2021 年 1.0 版》对新媒体内容编辑的职业技能中级要求为：“能够掌握视频制作软件使用的方法，完成视频的剪辑、文字编辑、配乐、转场动画、字幕、滤镜等设计，并能够根据网络平台对于视频格式的要求对格式进行转换，包括常见 AVI、MOV、RMVB、RMFLV、MP4、3GP 等格式。”

现在以“万兴喵影”为例，对视频进行剪辑、文字编辑、配乐、转场动画、字幕、滤镜等效果加工，并对格式进行转换操作。

1. 视频剪辑

（1）启动“万兴喵影”进入选择界面，从“媒体库”选本地文件，点“导入媒体文件到这里”将要编辑的视频或图片进行添加，如图 2-3-13 所示。

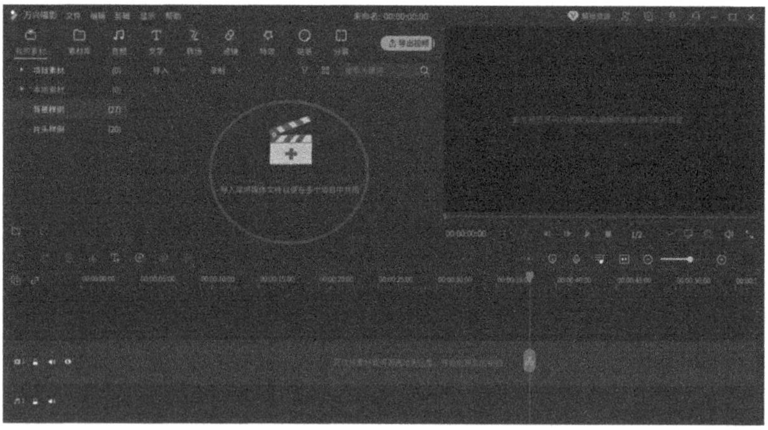

图 2-3-13　“选择”界面

（2）点击要编辑视频的缩略图，视频片段将直接显示在编辑页面右侧，再点击编辑轨道中的“剪切”，弹出带有虚线框剪切和设置长宽比例的对比窗，如图 2-3-14 所示。

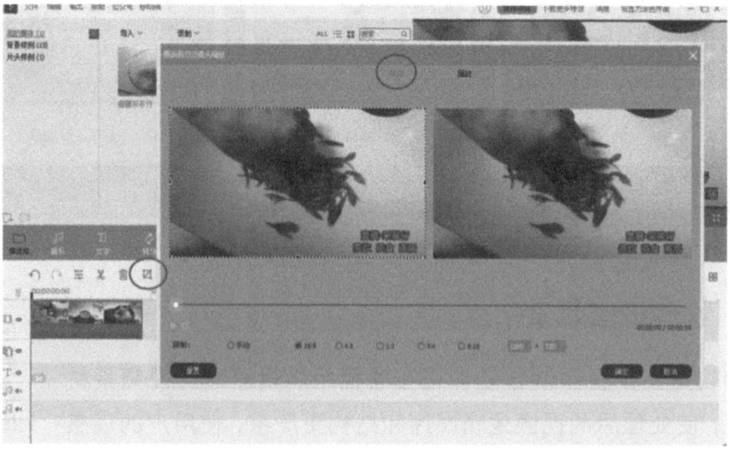

图 2-3-14　对比窗

（3）在剪切对比左窗，将需要保留的视频内容放在虚线框内。在剪切对比右窗，可以预览剪切后的效果。内容和尺寸核对后，点击确定并保存，如图 2-3-15 所示。

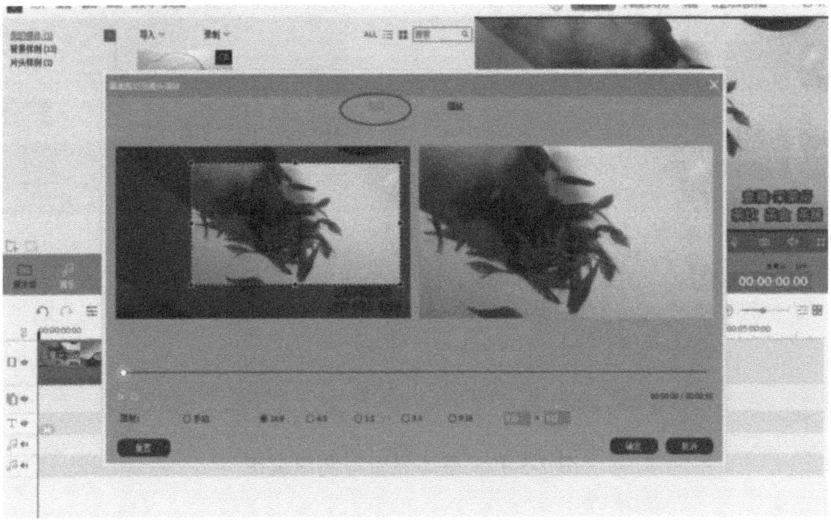

图 2-3-15　剪切预览

2. 编辑字幕

使用“万兴喵影”，进入选择界面点击编辑轨道中的“文字”，选择界面弹出“自定义、片头、标题、字幕条、字幕、片尾、收藏”等使用场景。

（1）选择“字幕条”后，会出现可以使用的模板图示和相应编号，如图 2-3-16 所示。

图 2-3-16　选择“文字”

（2）点出选用的字幕条模板，弹出“基本设置”和“高级编辑”。

基本设置包括字体、字号、斜体、排布、颜色等，高级编辑可以通过移动虚线框设置文字的位置和呈现的时间。

最后点击确定并保存，如图 2-3-17 所示。

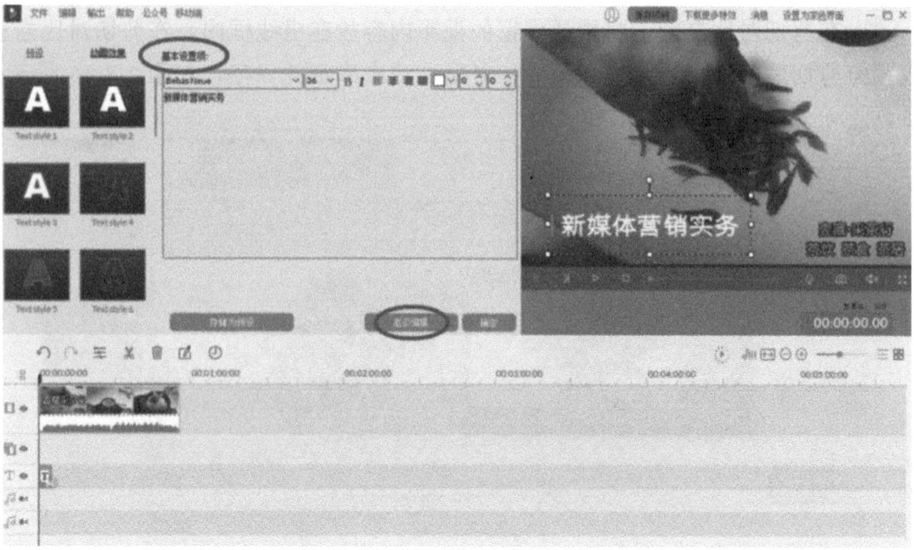

图 2-3-17 基本设置与高级编辑

3. 配乐、配音

（1）配乐。

采用“万兴喵影”进入选择界面。

① 使用模板音乐，点击编辑轨道上方的“音乐”，选择界面弹出“年轻、柔和、摇滚、民谣、电子音乐、收藏”等使用场景供选择。

如选择“年轻”后，出现可以使用的模板图示和相应编号，点击可用。（如图 2-3-18）

图 2-3-18 选择“音乐”

② 需要对视频中原有音频进行删除或修改，点击“编辑”后，使用“音频分离”可以将原音频从视频从编辑轨道中分离出来。

修改功能有变速、持续时间、音量、淡入和淡出、变量、均衡器、音频降噪等。如图 2-3-19 所示。

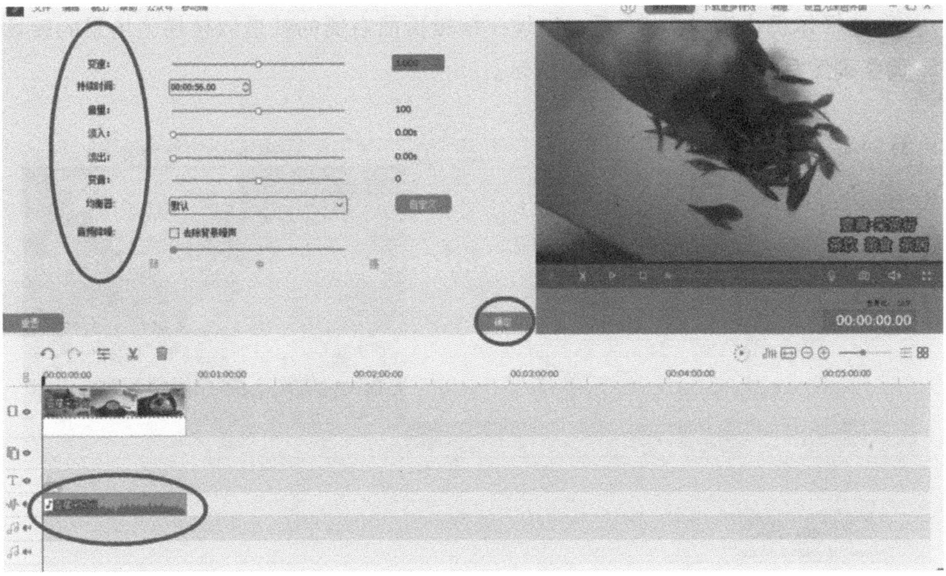

图 2-3-19　音频编辑功能

③ 需要导入音频时，点击“文件”后，选择“导入”可以将电脑中本地音频导入。

（2）配音。

采用“万兴喵影”，直接将可以使用的配音文件按前述方法导入，如是在图片上的文字或纯文字，则转换配音，并保存后导入。

（3）转场。

在一个视频场景结束而另一个视频场景开始之间的视频处理叫作转场，可以达到视觉连续的效果。

① 采用“万兴喵影”，点击编辑轨道中的“转场”，选择界面左侧弹出“基本、3D、波纹和溶解、3D、运动模糊”等使用场景及示例小窗。如图 2-3-20 所示。

图 2-3-20　选择“转场”

② 选择示例小窗“楼梯”后，出现在编辑页面右侧的就是以楼梯为场景的转场效果，调整确定后保存，如图 2-3-21 所示。

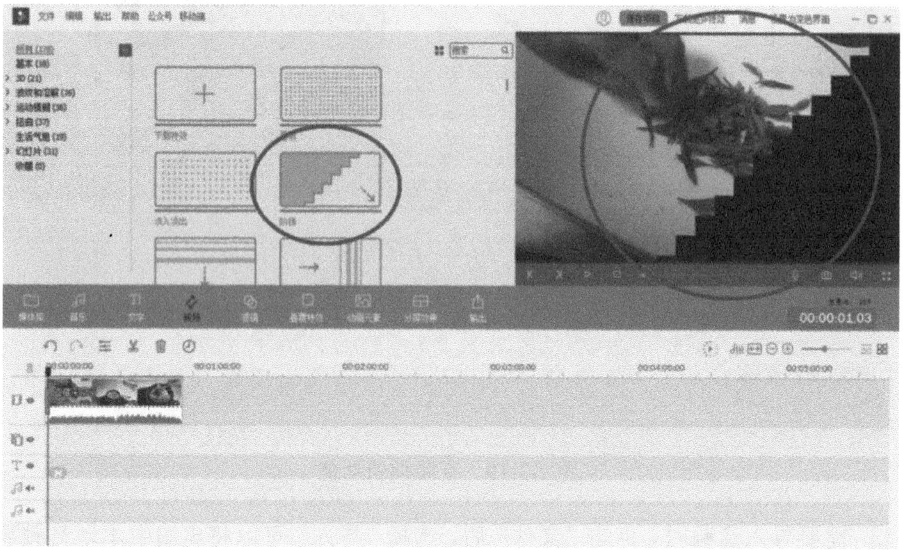

图 2-3-21　楼梯场景效果

4. 滤　镜

滤镜加工是更改视频素材显示效果的方法，例如马赛克和涟漪、电视墙等。合理地采用滤镜加工，可以模拟各种艺术效果，对素材进行美化。

（1）点击万兴喵影编辑轨道中的“滤镜”，选择界面弹出“所有、抖动、电子音乐、夜生活、背景虚化”等使用场景。

（2）如选择“所有”后，出现可以使用的模板图示和相应名称。点击“电视墙”后出现在编辑页面右侧的，就是以电视墙为场景的滤镜效果。调整确定后保存，如图 2-3-22 所示。

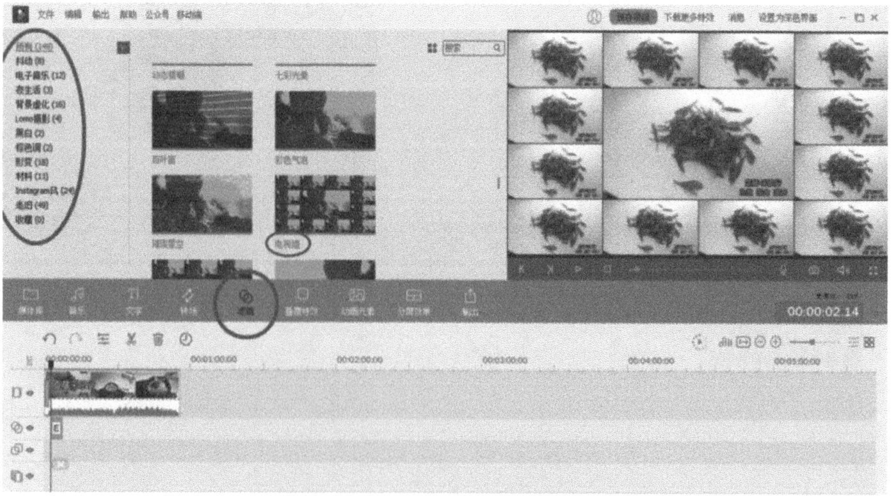

图 2-3-22　电视墙场景滤镜效果

5. 分　屏

（1）点击万兴喵影编辑轨道中的“分屏效果”，左侧选择界面弹出如图 2-3-23 所示大红框中的使用模板图示。确定模板后点击小红框。

图 2-3-23　编辑并保存

（2）出现在右侧编辑页面的就是上图所示小红框的分屏效果，将所需要的视频分别导入、编辑。确定边框颜色后保存，如图 2-3-24 所示。

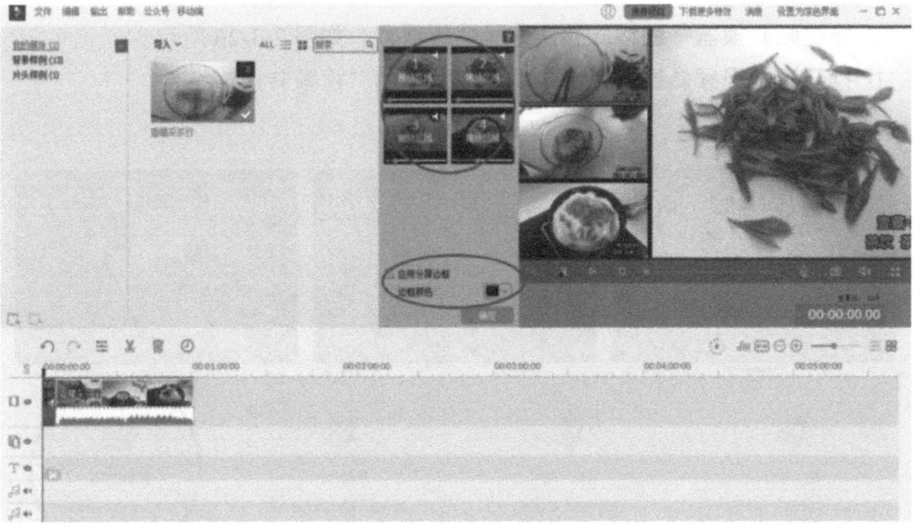

图 2-3-24　分屏效果

6. 格式转换

从不同平台上下载的视频格式经常是有区别的，遇见视频格式不兼容的问题时，需要对视频格式进行转换。

（1）修改文件扩展名的操作十分简单，直接修改文件的扩展名，就可以快速将需要的视频格式转换出来。

如更改视频文件的后缀名时，在电脑中选中某视频文件，点击“重命名”命令，将原视频的格式改为“.MP4”或其他格式均可。

如果有导致文件不可用的提示弹出，可尝试点击“是”。

（2）在线视频编辑器的格式转换方法。

在前述视频格式转换方法中，可能发生视频内容损坏的情况，为了文件的安全考虑，可借助在线视频编辑器进行转换，如图 2-3-25 所示的“万兴喵影”。

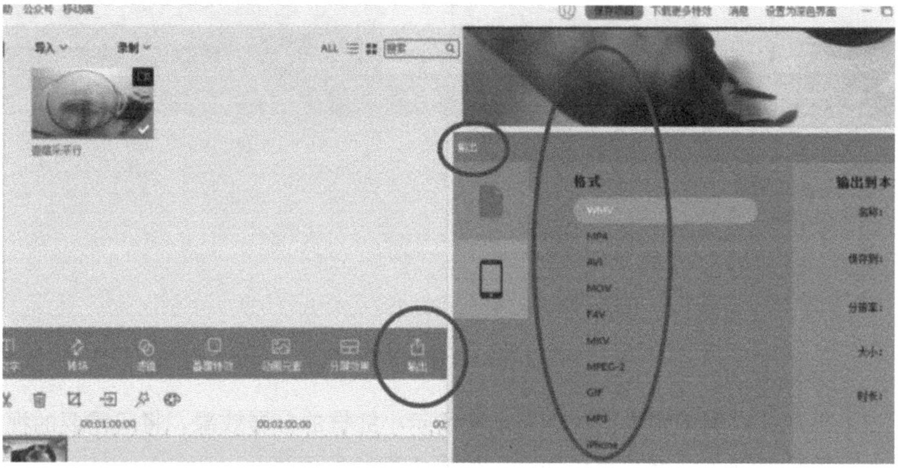

图 2-3-25 “万兴喵影”视频格式转换功能

“迅捷视频转换器”的格式转换方面功能很多。如图 2-3-26 所示。

① 打开迅捷视频转换器，选择页面左上角的“视频转换”栏目。

图 2-3-26 “迅捷视频转换器”视频格式转换功能

② 进入视频转换的页面后，我们可看到软件支持多种格式进行转换，例如 MP4、MKV、MOV、AVI、WMV、M4V、VOB 等，点击“添加文件”可上传需要转换格式的视频。

③“迅捷视频转换器”还有单独转换动图的功能。

注意音频和视频的不同运用场景：

① 音频：编辑作品完整；效果音结合整体效果好；编辑细腻，素材间过渡平滑，无明显跳音；主声与伴音音量配合得当，无喧宾夺主现象。

② 视频：画面清晰连贯，故事线完整，有逻辑性和重点；转场连贯不生硬，合理运用蒙太奇。

【案例】春招新趋势：短视频火热　视频剪辑等行业受求职者青睐

摘要：

权威机构“中国网络视听节目服务协会”在 2020 年 10 月发布了一份报告，显示短视频的人均使用时长已经超过了即时通讯，成为用户“杀时间”的第一利器。另外，短视频的用户使用率最高达 87.0%，用户规模也达到了 8.18 亿各大互联网、计算机软件公司也在持续加码对于短视频的投入，包括大力引入人才等，昭示着这个行业的火热。

作为短视频营销产业中的重要一环，艾媒数据中心数据显示，2018 年中国短视频 MCN 机构数量已经超过 3000 家，预计到 2020 年将超 5000 家。

火爆的短视频行业内，台前的投资机构、大小网红、内容公司、MCN 机构等如同雨后春笋，挤满了短视频行业的赛道，也诞生了无数的商业模式，分化出了新的黄金赛道。比如视频剪辑业。

iMedia Research（艾媒咨询）数据显示，中国短视频平台月活排名中，抖音、快手分别以 47732.3 万人及 37083.93 万人排名前二。如此高的月活量背后是海量的原创视频，理论上来说，每个视频都需要经过剪辑，甚至需要剪辑多次。

视频剪辑类工作备受追捧。

视频剪辑行业借力短视频风口蓬勃发展同时，招人需求相比以往也更为旺盛。在相关招聘渠道，随便搜索“短视频”，便可以看到海量的岗位，诸如短视频编导、短视频商务助理、短视频策划运营、红人运营、视频剪辑师，相关企业不乏腾讯、百度、万兴科技等大厂，而且起薪都不算低。

纵观刚过去的 2020 年，抖音、快手活跃在短视频前线，B 站、西瓜视频、百度、知乎等平台也纷纷投身视频内容创作，发力视频的趋势仍将继续。以视频剪辑为代表的上下游企业也正加大产品、人才投入力度。对于职场发展来说，2021 年，入局视频行业，依然为时不晚。

（来源：太平洋电脑网 2021 年 3 月 24 日发布）

任务实施

步骤 1：下载“迅捷文字转语音”PC 客户端；
步骤 2：根据要求进行文字转语音练习；
步骤 3：下载“迅捷音频转换器”PC 客户端；
步骤 4：根据要求编辑音频；
步骤 5：下载“万兴喵影”（又名“万兴神剪手”）PC 客户端；
步骤 6：根据要求编辑短视频。

【学习笔记】

任务 2-4　制作和使用 H5

任务目标

知识目标：

H5 的展现形式；

H5 制作工具的使用技巧。

技能目标：

运用 H5 的展现形式；

能熟练使用 H5 制作工具。

素质目标：

锻炼视觉语言准确高效传达。

相关知识

2.4.1　H5 的含义

H5 准确来说是一个技术合集，主要对文字、视频、音频、图片、动画等多项技术的融合展示。

H5 页面制作工具，提供 H5 页面场景应用制作，能将新媒体营销中提升传播价值的敏感度、树立品牌和产品形象、融入分销裂变功能、跟踪推广效果数据通过 H5 实施。

新华网股份有限公司《新媒体运营职业技术等级标准 2021 年 1.0 版》对 H5 相关岗位的职业技能要求如下：

① 初级要求。

能够初步了解 H5 的展现形式，掌握至少一种 H5 的制作工具及其页面制作的方法。

② 中级要求。

能够初步了解 H5 的展现形式，掌握至少两种 H5 的制作工具及其页面制作的方法。

③ 高级要求。

H5 的开发。

2.4.2　H5 的展现形式

视频 2-4-1
H5 的展现形式

快速搭建一个 H5 营销场景，一般会考虑以下几种类型的 H5 展现形式：

1. 展示类

比较简便的方法就是静态或动态展示。PPT 和广告画面直接摆放在 H5 中，如果真正了解用户特征，这种展示形式是很好的快捷选择。

2. 交互类

交互类典型的特征是利用手机独有特性，通过一个动作才能引发下一个画面，让用户实现了互动。

3. 参与类

参与类的受众不仅仅只是 H5 内容的阅读者和转发者，他们还能够参与内容的个性化修改，形成各种各样的参与场景。

用户调研、餐饮服务业叫号排队、游戏等增大用户与商家互动的乐趣，可提高店铺的转化率。

4. 数据类

数据类的 H5 页面，可以进行读者的身份认证，通过一些 H5 活动页面进行买家的喜好、地理分布等信息的收集，并在后期进行数据分析，从而为后期的精准营销做准备。

2.4.3 在线制作 H5 的工具

以图 2-4-1 所示的人人秀为代表，易企秀、MAKA、秀米、初页、秀展等 H5 制作工具被广泛使用，可以完成海报、长图、表单、互动游戏、小程序等场景。

图 2-4-1 “人人秀”制作工具

如果要进一步实现抽奖、拼团、摇一摇、微信红包等多种微信营销活动，如图 2-4-2 所示的凡科互动，还有 720 云这类 H5 制作工具比较常用。

图 2-4-2 “凡科互动”制作工具

适用于专职设计人员开发，需要用户编写代码的 H5 制作工具有 iH5。要想交互功能和动画功能效果出色，可以使用零代码制作轻应用的 Epub360（意派），如图 2-4-3 所示。

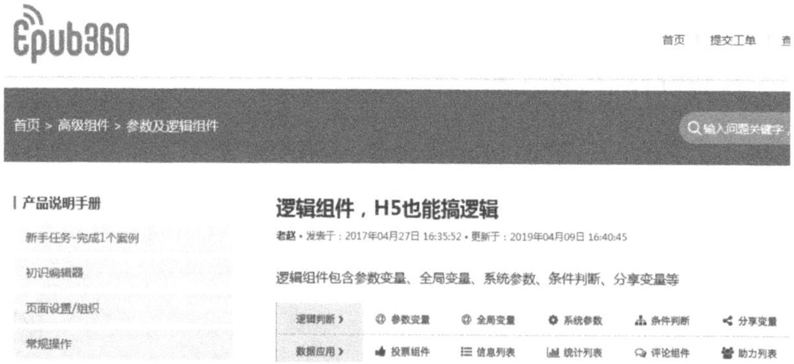

图 2-4-3 “意派”（Epub360）制作工具

2.4.4 制作 H5 及发布方法

1. 选择模板

以“人人秀”为例进行 H5 页面设计。先根据内容选择模板。内容方面有四点常见用法：

（1）紧跟时事话题，利用热点效应。

（2）讲好的故事，引起情感共鸣。

（3）加入声音特效，效果更逼真。

（4）结合各种节日，围绕大家关心的节日话题出招。

内容确定好后选择“人人秀”H5 中的模板，按类型、用途、功能、销量进行划分，如图 2-4-4 所示。

图 2-4-4 “人人秀”各类模板

2. 在线编辑

选择模板后，进入 H5 模板编辑页面。

在编辑页面顶部有“文字、图片、特效、表单、互动、音乐、保存、预览和设置、发布”等按钮。

当点击“文字”按钮后，文字的样式、颜色、字体、大小、加粗等功能就显示出来，如图 2-4-5 所示。

图 2-4-5 文字编辑页面

当点击“图片”按钮后，图片库就可以使用，如图 2-4-6 所示。同样，“特效、表单、互动、音乐”这些功能确定素材合适后都可以点击“保存”使用。

图 2-4-6　图片编剧功能

3. 预览发布

点击编辑页面右上角“预览和设置”按钮，可以对微信朋友圈或微信群的展示进行设置，包括加载 LOGO、设置翻页方向和动画等，最后发布。（见图 2-4-7）

图 2-4-7　发布设置

以上是基于“人人秀”H5 页面设计的操作介绍，其他 H5 制作工具的操作类似。

H5 发布后，发布的效果、提升的依据依靠流量分析。流量分析就是指通过获得的用户 PV 访问量、访问时间、UV 独立访客等基本数据情况进行分析。

图 2-4-8 所示为“易企秀”后台，有 PV（Page View）访问量和 UV（Unique Visitor）独立访客的统计生成。

图 2-4-8 “易企秀”后台

PV，访问量，即页面浏览量或点击量，衡量用户访问的数量；在一定统计周期内用户每打开或刷新 1 个页面就记录 1 次，多次打开或刷新同一页面则浏览量累计。

UV 独立访客，统计 1 天内访问的用户数，相同的客户端多次访问只计为 1 个访客。

从 H5 后台数据中发现访客访问 H5 的规律特点，然后把这些规律与相应的营销策略结合，找出新媒体营销中可能存在的问题并发现机遇，并为进一步修正或重新制定策略提供依据。

任务实施

步骤 1：搜索阅读“第九届大学生新媒体创意大赛参赛作品说明”；

步骤 2：下载比赛规则，如图 2-4-9 所示，详细了解“主题三：H5 · 动新闻”；

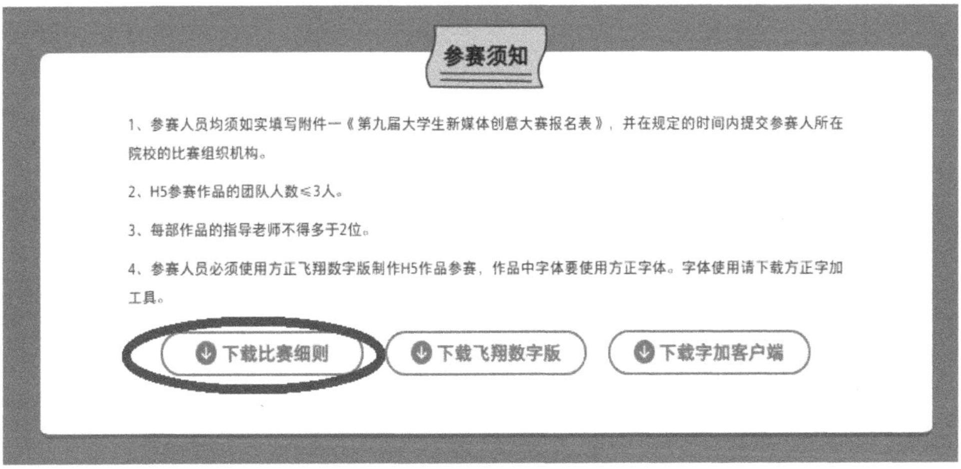

图 2-4-9 下载比赛规则

步骤 3：使用“人人秀”或“易企秀”H5 制作工具分别制作展示类、参与类、互动类等三种形式的 H5。

注意事项：

① 文件格式为 H5，将通过手机进行传播。

② 根据要求制作标准页面或者长页面，其中标准页面尺寸要求为 640 × 1260 px（像素），页数不少于 10 页，长页面尺寸要求总长度不少于 7 屏（长宽比不低于 1 ∶ 14），文件大小 ≤ 20 MB。

【学习笔记】

项目 3　新媒体营销平台

任务导入

任务 3-1　“两微一端”

近年来，为深入贯彻落实习近平总书记关于教育的重要论述和党中央、国务院的决策部署，教育部实施了一系列有力措施促进创新创业教育改革，特别是联合 11 家中央单位和地方省级人民政府，打造了中国国际“互联网＋”大学生创新创业大赛，到 2021 年已经是第七届。

目前，该大赛已经成为高等教育领域落实立德树人根本任务、提高人才培养质量的重要举措，成为推动高校创新创业教育改革的重要平台，成为展示新时代高等教育教学改革成果的重要窗口，成为世界大学生实现创新创业梦想的全球盛会。

第七届大赛的职教赛道共计 2116 所院校、86 万余个项目、330 万余人次报名参赛。其中创新类以技术、工艺或商业模式创新为核心优势；商业类以商业营销潜力或实效为核心优势；工匠类以体现敬业、精益、专注、创新为内涵的工匠精神为核心优势。

通过本项目学习内容，模拟练习参加“互联网＋”大学生创新创业大赛。

任务 3-1 “两微一端”

任务目标

知识目标：

微信公众号平台的分类；
微信基础设置、后台设置、微信裂变涨粉等微信营销方法；
微博平台的信息设置方法；
微博粉丝增长的技巧；
微博营销的工具的使用方法；
手机客户端的特点；
手机客户端用户群体特点及选用的营销方法。

技能目标：

能对不同类型微信公众号平台区分；
能完成微信基础设置、后台设置、微信裂变涨粉等微信营销方法；
能完成微博平台的信息设置方法；
能运用微博粉丝增长的技巧；
能运用微博营销的工具的使用方法；
能找出不同手机客户端的特点；
能运用手机客户端用户群体特点及选用适合的营销方法。

素质目标：

树立科学的设计创新意识；
培养学生的沟通能力和协作精神。

相关知识

3.1.1 “两微一端”的含义

在新媒体中，微信公众号、微博、手机客户端简称“二微一端”。

微信公众号借助其独特的用户优势，成为订阅式媒体，微博作为舆论的触发地，一直占据着即时信息发布的大部分市场。手机客户端同样也是搭乘移动互联网的快车，聚集了大批用户。

3.1.2 微信公众号基本情况

微信，又称微信个人号，营销中具有输出形象、刺激销售、维护关系等作用，目前已经是我国大众使用最为普遍的社交软件，到 2021 年，微信月活跃用户已经超过 12 亿。

微信公众号所具有的丰富的社交关系与私域流量价值，一直是新媒体营销体系的重要组成，具有电子商务、营销推广、品牌传播、访问入口、客户服务、市场调研等功能。

在新华网股份有限公司《新媒体运营职业技术等级标准 2021 年 1.0 版》中对微信公众号运营相关岗位的职业技能如下：

① 初级要求。

能够初步了解微信公众号平台的分类（订阅号、服务号、销售方微信），掌握微信基础信息设置、后台主要功能设置。能够初步掌握微信公众号的行为规范。能够初步掌握 1～2 个微信公众号的运营技巧与工具。

② 中级要求。

能够全面了解微信公众号平台的分类（订阅号、服务号、销售方微信），掌握微信基础信息设置、后台设置、微信裂变涨粉等微信运营方法。

3.1.3 微信公众号平台的分类

微信公众平台可注册的账号总共分为四大类，分别为服务号、订阅号、小程序以及销售方微信。

1. 服务号

为销售方和组织提供业务服务与用户管理功能，偏向服务类交互，适用人群包括媒体、销售方、政府或其他组织，1 个自然月内可发送 4 条群发消息。

2. 订阅号

为媒体和个人提供的信息传播方式，功能类似报纸杂志，提供新闻信息或娱乐趣事。适用人群包括个人、媒体、销售方、政府或其他组织，1 天内可群发 1 条消息。

用公众平台简单发送消息，做营销宣传推广服务，可选择订阅号；用公众号除了获得营销宣传推广服务，还需更多的功能，例如开通微信支付等，需选择服务号。

3. 小程序

小程序是一种新的开放能力，开发者可以快速地开发一个小程序。小程序可以在微信内被便捷地获取和传播，同时具有出色的使用体验。

4. 销售方微信

销售方微信是一个面向销售方级市场的产品，是一个独立的好用的基础办公沟通工具，拥有最基础和最实用的功能服务，适用于销售方、政府、事业单位或其他组织。

基于“再小的个体也有自己品牌”这一理念，通过微信这一平台，个人和销售方都可以打造一个公众号，并实现和特定群体的文字、图片、语音的全方位沟通、互动。

微信常使用在手机端，使用时常常也需同步网页功能。如图 3-1-1 所示，包括微信小商店助手小程序、视频号直播等，手机端和网页都可以使用。

图 3-1-1　微信小程序

3.1.4　微信个人号的基础设置

1. 个人信息部分

图 3-1-2　微信个人号基础设置

（1）新媒体中的面孔——头像。

① 使用微信账号全名或首字作为头像，背景色可以选择品牌色；

② 使用品牌 logo 或头像；

③ 使用品牌 logo、漫画品牌形象、真实人物头像、漫画头像，以符合品牌调性以及内容风格为原则。

（2）人设商标——昵称。

① 以品牌命名，围绕品牌做文章，利用内容来吸引关注；

② 品牌 + 运营领域，强调品牌与营销的关系；

③产品名称或机构名称，强调营销内容。

（3）玩出来广告语——拍一拍。

微信朋友圈或微信群中双击双方头像，对方头像会首先“颤抖”一下，同时会在聊天记录的下方，显示出一个“你拍了 × ×”的文字提示。

直接填写想要推广的品牌、内容、信息，可以是表情 + 文字。设置后，微信群中有人拍时就会呈现，如图 3-1-3 所示。

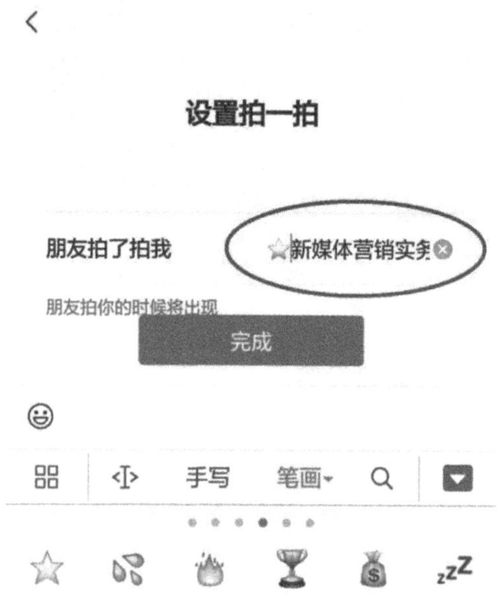

图 3-1-3　设置“拍一拍”

（4）新媒体身份证号码——微信号。

ID 是证明微信身份的号码，设置时应和营销信息如销售电话相符，这样容易被用户记住。

营销团队有多个微信号，方便矩阵化运营，可以设置系列化：销售电话号码#分机号。

（5）专业形象的展示——二维码名片。

点出二维码名片右侧图标，就自动生成二维码名片，可以采用设置头像和二维码工具进行美化处理。

（6）品牌宣言——个性签名。

常用方法有：

① 身份说明：职位 + 公司 + 行业；

② 价值展示：一句话总结你的价值观；

③ 愿景号召：一句话总结一个跟你行业相关的美好愿景；

④ 表达态度：擅长做什么事情。

（7）直播礼物——微信豆。

用于支付微信内虚拟物品的道具，可以在视频号直播中购买虚拟礼物。微信公众号中付费阅读目前已切换为微信豆支付。

用户支付微信豆后会增加文章的热度，热度会作为收入结算的依据。新增收入每月结算后可自主提现至绑定的银行账户。

（8）线下整合——地址。

地址要真实有效，这一步是为了后期建立与客户之间的信任感，真实的地区信息有利于同城微友整合，或邀请参与线下互动等。

2. 营销组件

微信个人号包括了支付、收藏、朋友圈、视频号、卡包、直播、小程序等七大营销组件，如图 3-1-4 所示。

图 3-1-4　微信个人号内的营销组件

（1）支付。

微信支付已实现刷卡支付、扫码支付、公众号支付、App 支付，并提供销售方红包、代金券、立减优惠等营销新工具，满足用户及商户的不同支付场景。

（2）收藏。

适合记录碎片化的信息，一些“项目二”中介绍的素材，可以写或笔记后使用微信像公众号一样发图文消息分享到朋友圈，可以在里面插入视频、地址和录音等。

手机上和电脑上都可以编辑和查看。

（3）朋友圈。

微信朋友圈的推荐广告包含图文、视频等内容，无须添加好友即可对地域、性别、年龄、兴趣行为区分设定后精准投放。

（4）视频号。

微信的视频号是用来记录和创作短视频的一个平台。除了可以发布个人短视频之外，也可以宣传带货、做直播。

在微信的发现栏目，点击视频号个人头像旁的三个点，就可看到在个人名片上展示视频号的选项“在个人名片上展示视频号”，开启即可，如图 3-1-5 所示。

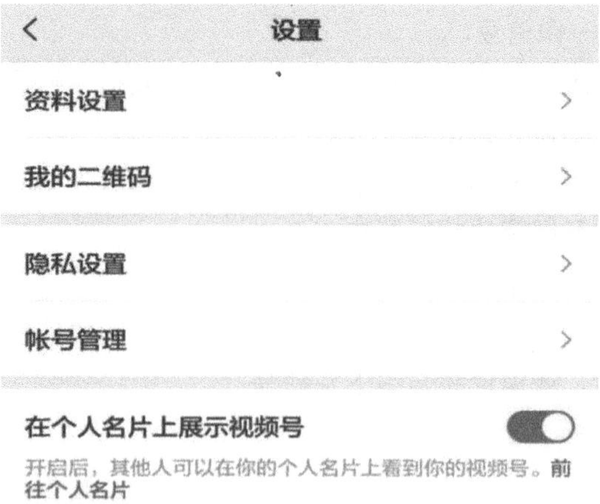

图 3-1-5　微信视频号功能

（5）卡包。

微信卡包是帮助用户管理虚拟卡券，可以聚合用户传统实物钱包里存在的优惠券、电影票、会员卡、登机牌等信息。（见图 3-1-6）

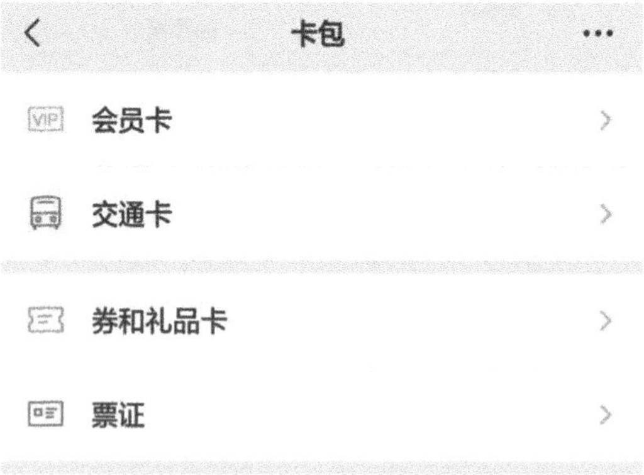

图 3-1-6　微信卡包

（6）直播。

在微信个人号“视频号”中有“发起直播”功能，如图 3-1-7 所示。

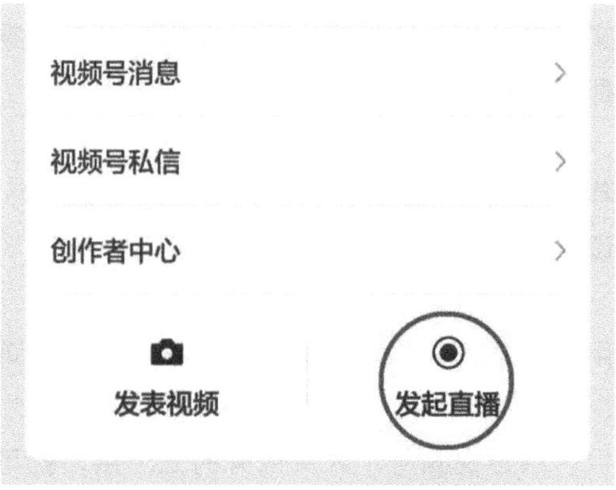

图 3-1-7　微信直播功能

如果要开启营销功能，则要通过手机号注册微信小商店（后文详述），创办店铺。

① 填写店铺的相关信息，如名字、领域、规模等；

② 进入到店铺的后台管理界面中，点击直播功能，如图 3-1-8 所示，创建直播。

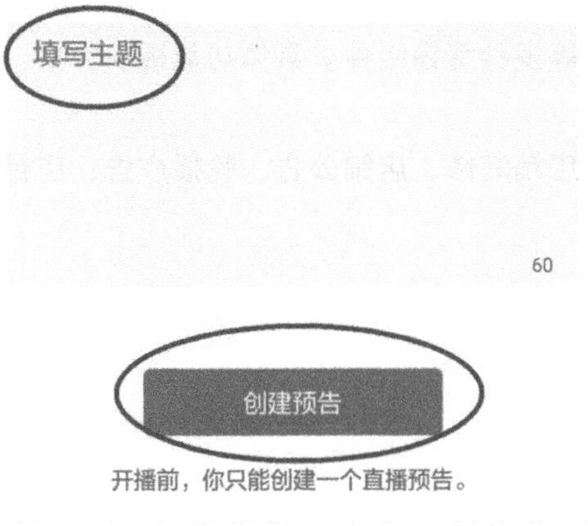

图 3-1-8　店铺直播创建

③ 在跳转后的界面中，完成直播间相关信息的填写设置后即可开播。

（7）小程序。

如图 3-1-9 所示，微信个人号中的小程序有“我的订单”和“我的小程序”两大功能。

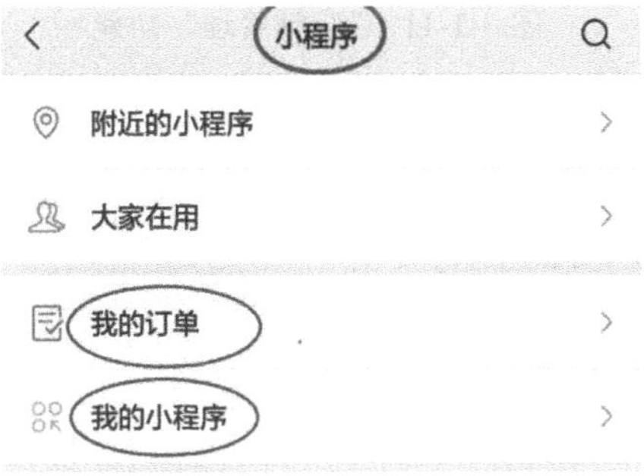

图 3-1-9　微信小程序功能

其中“我的订单”可以查询搭建在微信基础上的交易平台上的销售信息，如图 3-1-10 所示。

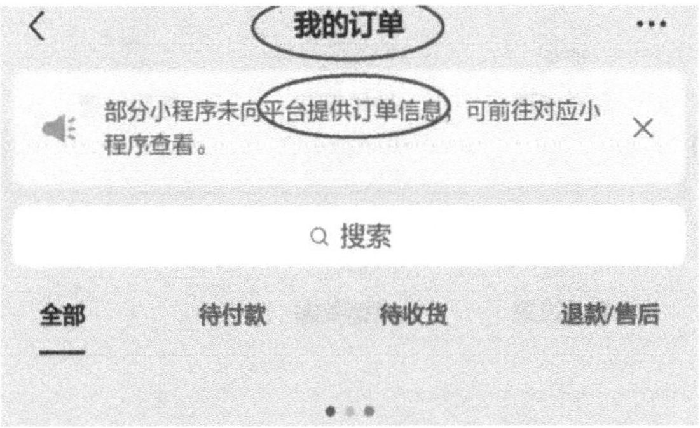

图 3-1-10　“我的订单”功能

点击“我的小程序”会弹出“微信小商店”。

可以创立自己的新品销售并一键带货，将全网大平台店铺商品复制到小商店。

微信小商店还有专属小商店风格 DIY 设计、页面自定义布局、模板一键套用、优惠券、直播、联系（加微信、打电话、二维码）等功能，以及二级分销、抽奖、积分、分享抢券、拼团、秒杀等多种营销组件。具体功能板块包括：

① 店铺管理。

包括微信小商店的店铺装修、店铺公告、轮播广告、店铺群、商品置顶等功能，如图 3-1-11 所示。

图 3-1-11 “店铺管理”功能

② 基础功能。

包括新增商品、商品列表、订单管理、配送管理、地址管理、售后处理、客服设置、店铺数据等，如图 3-1-12 所示。

图 3-1-12 “基础功能”

③ 营销工具。

包括优惠券、限时抢购、拼手气礼券、拼团购、店铺直播等功能，如图 3-1-13 所示。

图 3-1-13 “营销工具”功能

使用好微信个人号中的小商店免费功能，对新媒体营销初期团队来说，完全可以替代购买小程序这一个环节。

3.1.5 微信公众号后台设置

微信公众号在营销中通过图片、文字、音频、视频等形式，收集、创作、编辑生产内容，从而达到吸粉、转换、成交、裂变效果、完成营销目的。

注册时会有订阅号，服务号，小程序、销售方号四种选择，选择和自己相对应的。出现邮箱、登录密码等信息栏目。（见图 3-1-14）

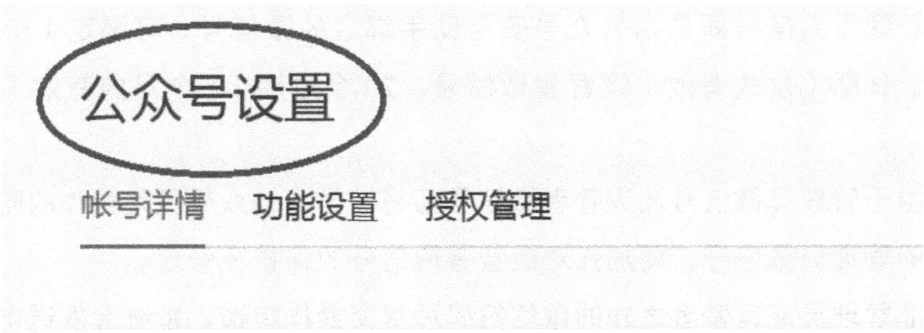

图 3-1-14 微信公众号设置

1. 公众号设置

如图 3-1-14 所示，微信公众号设置主要包括账号详情、功能设置和授权管理。

（1）在账号详情中，对头像、微信号、介绍、所在地等信息进行设置。在填写这些内容时，根据选择的行业领域来突出自己的特点。请参考本书“3.1.4 微信个人号的基础设置”内容。

（2）功能设置主要有图片设置和隐私设置。

图片设置是选项添加水印或不添加水印。水印的添加对于防止盗图、宣传公众号有作用。

（3）授权管理主要是将微信公众的管理权限授权给第三方的平台，借助第三方的平台来对我们的公众号进行管理。如图 3-1-15 所示。

图 3-1-15　公众号第三方平台授权设置

2. 管理员

（1）注册时的运营者扫码绑定的微信个人号将作为公众平台管理员微信号，本书“3.1.4 微信个人号的基础设置”内容对公众平台管理员微信号设置很重要。

（2）公众平台为公众平台管理员自动开启登录保护，后续每次登录账号需要扫码验证后方可登录且不能关闭，这可以保护账号安全，提高账号的安全性。

（3）管理员微信号即是指公众号安全助手绑定的微信号，可绑定 1 个管理员微信号、5 个长期（永久有效）运营者微信号、20 个短期（1 个月内有效）运营者微信号。

（4）由于管理员微信号及运营者微信号都将被作为公众号风险操作的验证入口，故设置好的管理员微信号，需加强对运营者微信号的保护及管理。

（5）非管理员或运营者之外的微信扫码后提交操作申请，系统会发送申请至管理员微信号进行验证。

3. 认　证

微信认证是微信公众平台为了确保公众账号信息的真实性、安全性而进行的操作，目前提供给微信公众号进行微信认证的服务。（见图 3-1-16）

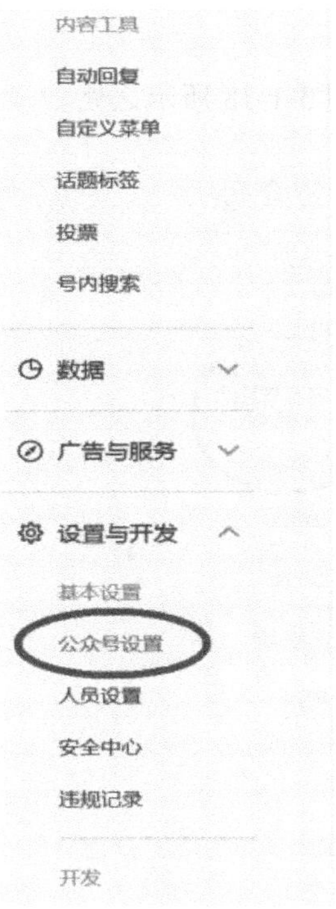

图 3-1-16　微信公众号认证

（1）微信认证后，可获得更丰富的高级接口，从而向用户提供更有价值的个性化服务。

（2）微信认证后，用户将在微信中看到微信认证特有的标识。点击账号主体，如图 3-1-17 所示，可查看认证详情。

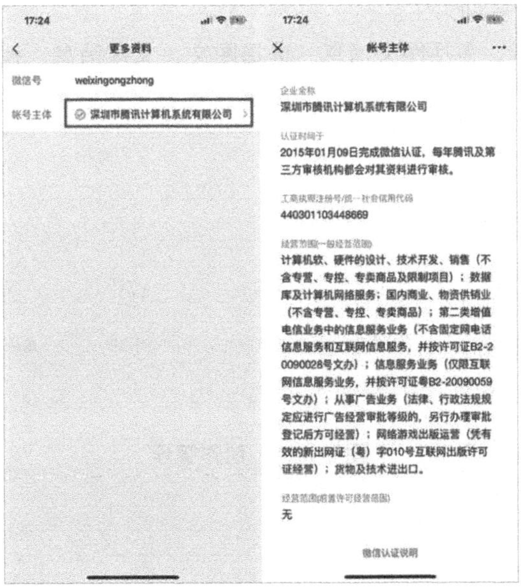

图 3-1-17　腾讯计算机系统有限公司的认证详情

（3）微信认证成功后，公众账号资料“认证详情”中会展示认证资料。

4. 内容与互动

公众号中“内容与互动”位于如图 3-1-18 所示之处。

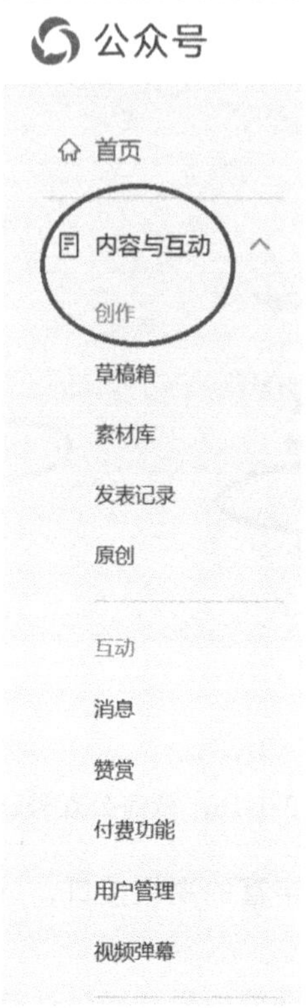

图 3-1-18　内容与互动

（1）创作管理，原创为主。

如图 3-1-19 所示，包括图文消息、选择图文、文字消息、视频消息、音频消息、图片消息、转载等。

图 3-1-19　创作管理

（2）消息管理。

① 自定义菜单。

每个公众号下面的三栏，有三个主菜单，子菜单在三个菜单里面添加，子菜单可以以发送消息、跳转网页、跳转小程序三类形式展现，发送消息同样可以图片、文字、语音、视频形式展现。（见图 3-1-20）

图 3-1-20　自定义菜单

主菜单和子菜单内容一定要有条有序，类别分明、简单明了。

② 自动回复。

如图 3-1-21 所示包括关键词回复、收到消息回复、被关注回复。收到消息回复、被关注回复、关键词可以设置文字、图片、语音、视频。

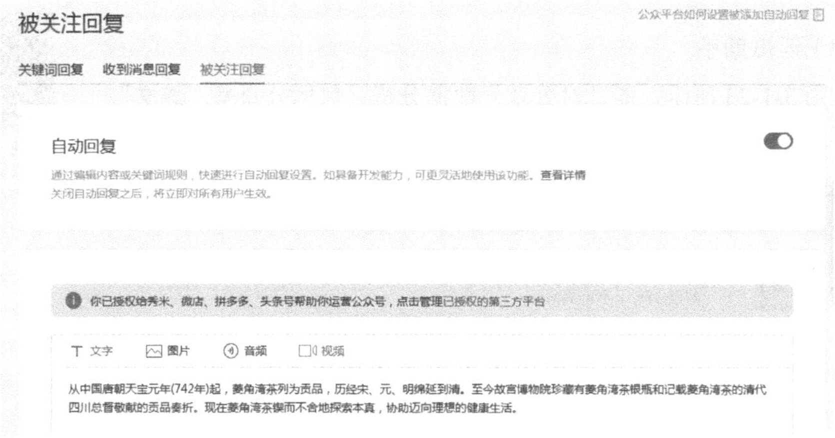

图 3-1-21　自动回复

3.1.6　微信测量和涨粉等营销方法

粉丝经济泛指架构在粉丝与被关注者关系之上的经营性创收行为，被关注者可以是微信公众号，也可以是行业名人的微信等。营销中指内容和信任兑换商业价值的行为。因此微信公众号内容发布后的数据测量非常重要。

动画 3-1-1
涨粉

1. 微信公众号排行榜测量

发布微信公众号排行榜的第三方检测工具有以下几种：

（1）“新榜”。

新榜的服务定位是“内容创业服务平台”，如图 3-1-22 所示。新榜可以统计公众号最近“爆”文，还能看到按日、月、年统计的发布数、总阅读数、头条、最高阅读数、总点赞数、总在看数和新榜指数，从而判断测量公众号的数据。

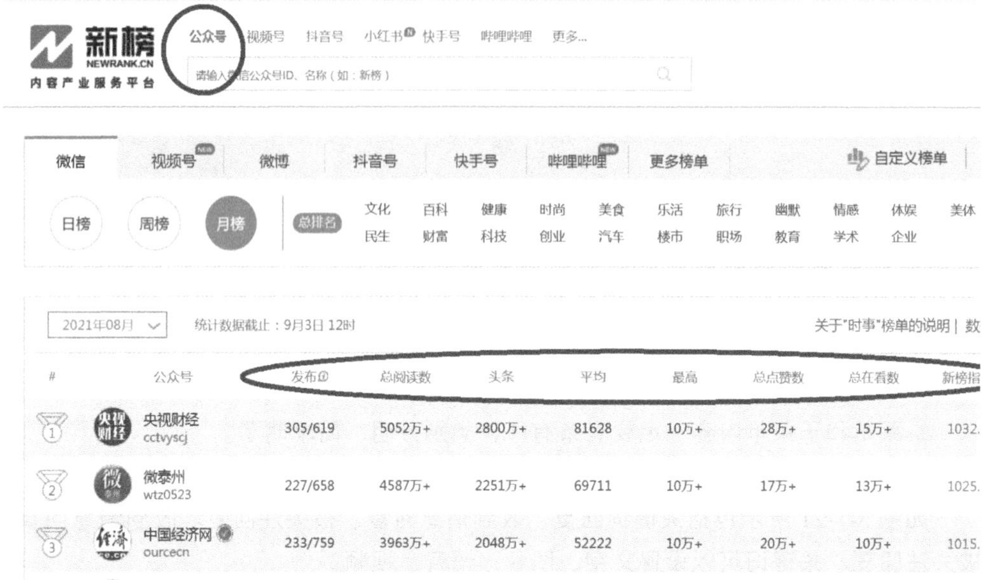

图 3-1-22 “新榜”界面

（2）西瓜助手。

如图 3-1-23 所示，能针对公众号数据分析，包括公众号“爆文”。分析有哪些“爆文”，行业里竞争对手写了什么“爆文”等，并列出来对比分析。此外，对活跃粉丝的监控有参考价值。

动画 3-1-2
“爆文”测量

图 3-1-23 “西瓜助手”界面

2. 涨粉等微信营销方法

采用微信个人号、公众号营销的重心是有效粉丝的增长。仅靠导流、活动、红包、与定位并不相符的内容吸引的大量粉丝，基本上没有价值。

有效粉丝持续稳定增长的账号，都具备以下的共同特征：定位清晰且持续不断地靠优质内容打动用户；内容选题简要而稳定，只是每天的具体内容有所变化，长期给用户形成固定的风格印象和品牌形象。参考新榜“什么值得写”，如图 3-1-24 所示。

图 3-1-24 “新榜”热门情报资讯

（1）利用“新榜”的分析。

作为新媒体数据分析平台，“新榜”可用来参考。里面专门提供一些热门情报和资讯内容，例如可以找到主流行业下的各种阅读量达 10 万以上的“爆文”。（见图 3-1-24）

（2）活动“拉新”。这是精准获客撬动用户增长的常见方法。通常举办的活动可以分为以下三种：

① 大型线下活动。

大型线下活动，虽然成本相对比较高，但是能够帮助销售方实现流量爆发式增长。在举办大型活动时，要实现全流程拉新。

② 线上事件营销活动。

线上事件营销活动，也是能够帮助销售方迅速打开知名度，以小博大，高性价比获取流量的一种拉新方法。

③ 利用从众效应，又叫乐队花车效应（蹭热点）。

英文中的“jumping on the bandwagon”（跳上乐队花车）代表“进入主流”。互联网每周总有很多热点出现，这些就是利用从众效应涨粉的机会。

动画 3-1-3
蹭热点

（3）持续进行数据的分析与总结，如图 3-1-25 所示，注意公众号生成的数据分析。

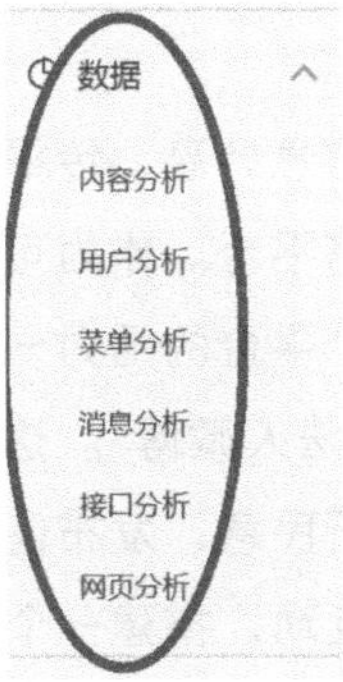

图 3-1-25 公众号生成的数据分析

内容分析包括统计收藏、转发、阅读量、阅读来源等数据，如图 3-1-26 所示。

图 3-1-26　内容分析

用户分析包括用户增长和用户属性。

用户增长主要统计新增、取关、净增、累计人数的数据;用户属性主要包括性别、语言、地区、终端、机型这些用户画像。

菜单分析主要包括点击次数、点击人数、人均点击次数三点。

消息分析主要统计包括消息发送次数、发送人数、消息关键词。

数据分析，根据按日、月、年统计的发布数、总阅读数、头条、最高阅读数、总点赞数、总在看数和新榜指数来判断测量。

（4）服务用户。

① 采用文末加推方式。

在引导关注的手段上可以做些方便的设置。当粉丝阅读完内容后，使用一些引导性的词句。如“亲，点我”之类的引导和提示语。

② 微信生态矩阵。

利用微信群、个人微信、朋友圈、销售方微信、小程序、销售方微信群、微信公众号等互相打通，形成矩阵。

新媒体营销增加粉丝始终应明确的关键点是：内容打动 + 用户互动。只有这样，才能赢得长期的关注，从而实现营销目的。

3.1.7　微博的基本情况

微博是指一种基于用户关系信息分享、传播以及获取的通过关注机制分享简短实时信息的广播式的社交媒体、网络平台。作为可以称是第一批出现的新媒体平台，其内容分发的特性，决定了微博这个平台的活力一直保持得很好。

如图 3-1-27 所示是“人民网法人微博”。这类主要由政务和政府机构因公共事务而设的微博，用于收集意见、倾听民意、发布信息、服务大众的官方网络互动平台，其目的主要是通过与公众的良性互动，搭建一个社会化参政、议政、问政的网络交流模式与平台。

图 3-1-27　人民网法人微博

在这个社交和媒体并重的平台上，大 V（V 是微信认证的级别）的影响力限于其和用户以及和粉丝用户所形成的圈层之间的联系。所以，某个大 V 或 KOL（Key Opinion Leader，意见领袖）和用户之间所建立的关系强弱，决定了其在微博上分发内容造成的影响力和传播价值。

动画 3-1-4
大 V

新华网股份有限公司《新媒体运营职业技术等级标准 2021 年 1.0 版》对微博运营岗位的职业技能要求如下：

① 初级要求。

能够初步了解微博平台的分类（个人、销售方），掌握微博平台基础信息设置、后台主要功能设置。

能够初步掌握微博运营的基本规范。能够初步掌握微博运营工具的使用方法，使微博运营迅速有效。

② 中级要求。

能够掌握微博平台的信息设置方法，粉丝增长的技巧，综合运用微博运营的工具的使用方法，使微博运营迅速有效。

3.1.8　微博平台的信息设置

如图 3-1-28 所示，进入微博官网注册微博账户。

视频 3-1-1
微博平台的
信息设置

图 3-1-28　微博注册界面

注册成功后，和许多平台一样，账号有设置页面，可设置联系方式、职业信息、教育信息和标签信息等个人信息。

1. 微博基本信息设置

设置中需注意的是一定要和营销中的品牌定位相一致，首先是昵称和头像，如图 3-1-29 所示。

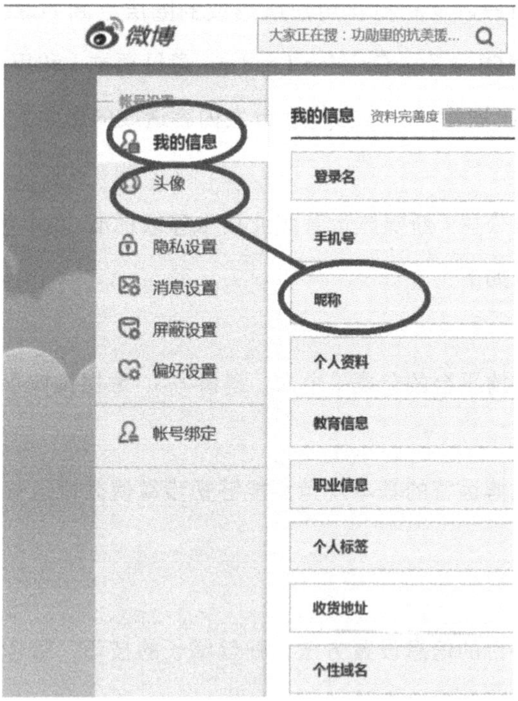

图 3-1-29　微博昵称与头像设置

（1）昵称。

人们更愿意关注让大家感觉到真实的账号。一般规律是昵称和发布内容的关键词的七成相重合。

（2）认证。

昵称的右侧通常会带有 V 标志和皇冠标志，V 标志代表认证，皇冠标志代表会员。点击 V 标志和皇冠标志，可以直接进入加 V 认证或微博会员页面。

（3）头像.

如图 3-1-30 所示，可以多参考排行中那些同行业头像类型参考。上传时需注意是支持 JPG、GIF、PNG 格式和 5 M 以下文件。

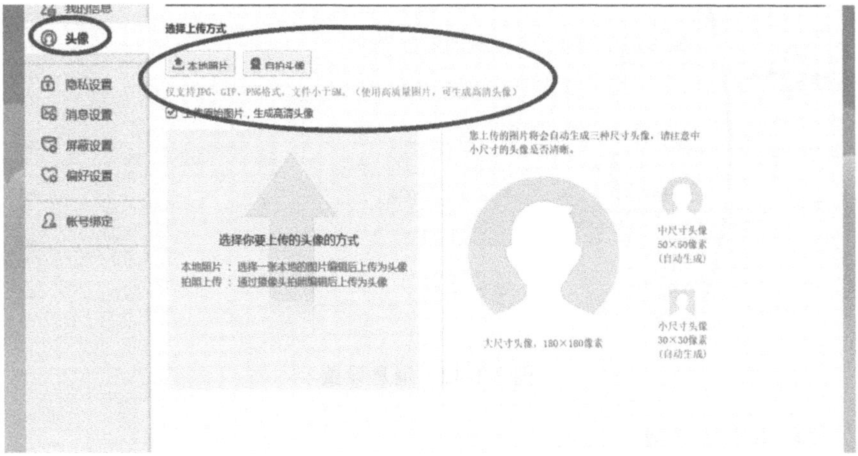

图 3-1-30　头像设置

（4）背景图。

背景图的中间位置一般不设置元素，以免其被微博头像遮挡，造成无法显示或显示效果不佳等问题。可以把背景图元素放置在图片的左右两侧，把中间位置留给头像、简介和关注按钮。

动画 3-1-5
标签

（5）个人标签。

个人标签如图 3-1-31 所示，可以自定义“点击空白处输入标签”。根据营销重点的关键词去撰写，写好标签目的可以增加账号推送的精准度。

图 3-1-31　个人标签设置

（6）简介。

如专家或达人，简介应与标签词一致，利于系统推送展现给相应的人群。

当登录微博后，如果账户有最新消息，如：评论、留言、@我等，系统都会在第一时间做出提醒。如图 3-1-32 所示，可在设置区对提醒做出选择。

图 3-1-32　消息设置

2. 管理中心的设置

微博可以与淘宝绑定，如图 3-1-33 所示。

图 3-1-33　微博与淘宝绑定

（1）进入个人微博，在微博的右上角找到用户按钮（小人头像标志），点击用户按钮，进入“我的微博”主页。在跳转的页面中即可找到管理中心，可点击进入微博的管理中心界面。如图 3-1-34 所示。

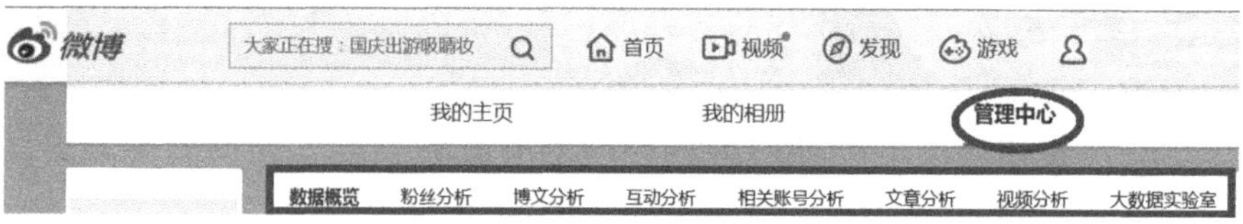

图 3-1-34　“微博管理中心”界面

（2）点击左边页面的导航按钮可对微博进行相关设置，包括粉丝服务、微博小店、内容收益、营销推广、设置管理等。（见图 3-1-35）

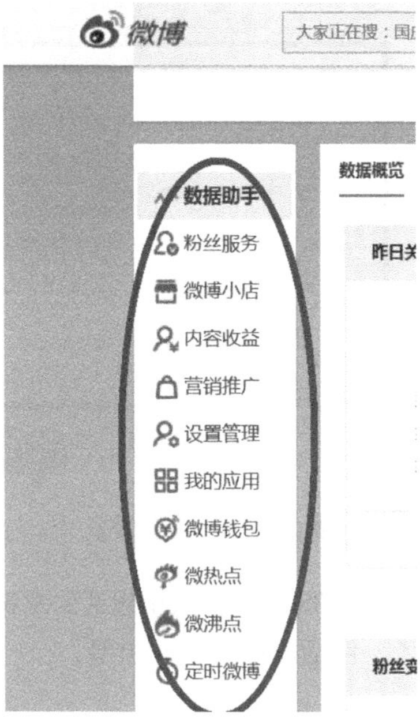

图 3-1-35　微博相关设置

（3）如图 3-1-35 所示，从“管理中心”进入之后，点击左边页面的导航“内容收益”就可以进行“微博打赏”的设置，如图 3-1-36 所示。

图 3-1-36　“微博打赏”设置

（4）收款的设置。

目前可以绑定的是支付宝账号。（见图 3-1-37）

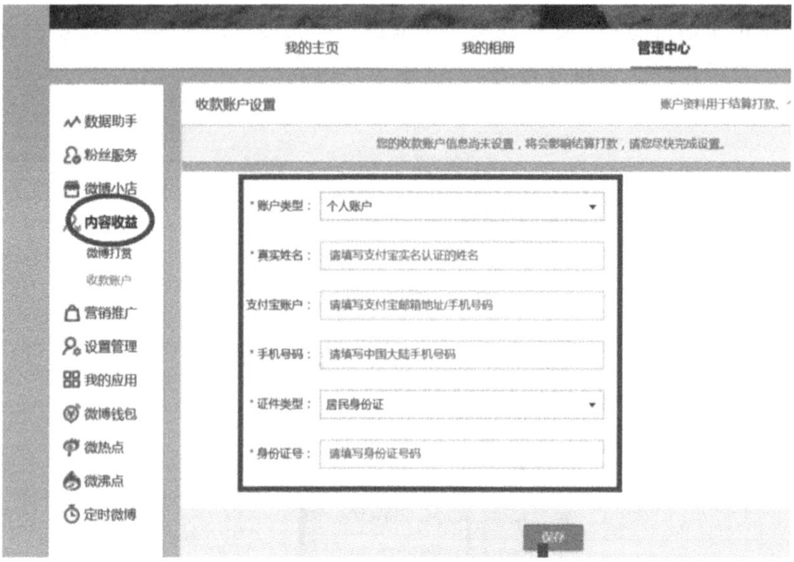

图 3-1-37　收款设置

（5）微博直播设置，如图 3-1-38 所示，点击超话的发布框中三个横点，如图 3-1-39 所示，“我的直播”就出现了。包括画面、视频流等。

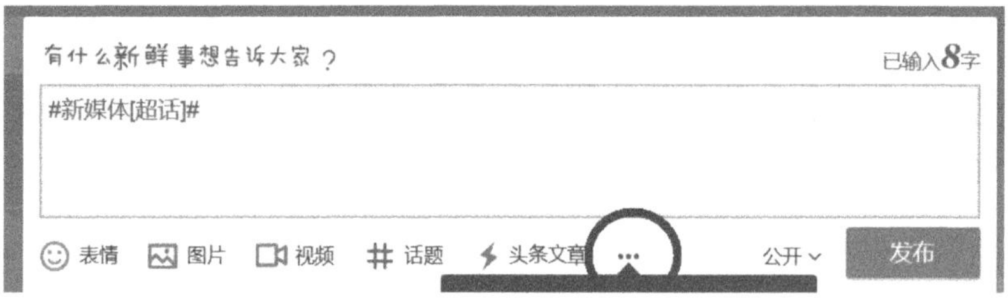

图 3-1-38　微博直播设置

图 3-1-39　“我的直播”界面

如图 3-1-40 所示，点击“发布直播”，可以直接创建直播，也可以根据提示，使用客户端中“微博直播开播助手”进行直播。

图 3-1-40　创建直播

3.1.9　微博粉丝增长的技巧

粉丝经济以情绪资本为核心，以消费者为主角，由消费者主导营销手段，从消费者的情感出发，销售方借力使力，达到为品牌增值资本的目的。

“追星族”有较强的自发性。但是缺乏计划性和组织性；而“粉丝”则呈现出职业化趋向。其有计划、有组织，专业化程度较高，甚至逐渐形成“粉丝”产业。

2021 年 8 月，国家网信办发布《关于进一步加强“饭圈”乱象治理的通知》，其中有“规范明星艺人粉丝群体账号；严禁呈现互撕信息；不得诱导粉丝消费”等。我们在新媒体营销中要加以重视。

正当地使微博粉丝增长的技巧有以下六项：

1. 精准定位

微博和公众号一样需要以营销为核心目标的行业角色精准定位，要具有特殊性，在微博上才有自然的吸引力，被关注的程度才会越高。选择好定位后，微博开始生产内容。

2. 内容贴近类型

微博内容要贴近微博所定位的类型，围绕着类型而发。

（1）简洁生动或实际用途或深刻含义的正文语言。

（2）用标题标签区别话题，粉丝更容易了解博文主题。

（3）@好友，引起好友的关注，形成良性互动。

（4）链接地址，引导流量。

（5）采用图片（或视频）更容易抓住粉丝眼球。

3. 加“V”认证

加“V”认证有“个人认证”和“机构认证”。

（1）个人认证。

如图 3-1-41 所示，有身份、兴趣、超话、视频、文章/问答、金 V 认证等方式。粉丝数大于 1 万且近 30 天阅读量大于 1000 万时，有机会升级为微博各领域最具影响力的顶尖金 V 认证用户。

图 3-1-41　个人认证

（2）机构认证。

如图 3-1-42 所示，营销方面多经销售方认证为主。销售方微博加 V 认证，可以提高微博的权威性，并且主要发布行业新闻、行业趣闻，关注更多同行业微博。

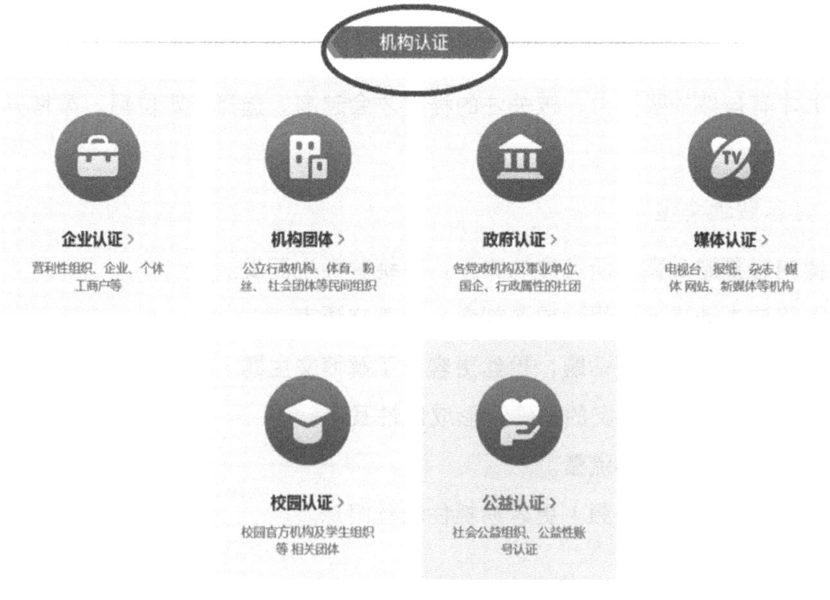

图 3-1-42　机构认证

认证的销售方，可以直接开通电商功能的“微博小店”，如图 3-1-43 所示。

图 3-1-43　微博电商功能

加“V”可使用“首页展示”，提升品牌形象。为了更好地展示品牌形象，认证的销售方可以自定义电脑端的官微主页，根据品牌需要更换顶部背景图，也可以在管理中心设置首页轮播图片和视频，提升品牌形象、深度宣传品牌理念。

4. 运用销售方认证的专享特权

首页轮播图片及视频会展示在加“V”销售方官微主页，并置于所有微博的最上方处。轮播图最多可设置 5 张，每张图片都可链接到任一文章、活动、卡券或轻应用。视频最多可上传 1 个，目前已支持新浪播客、优酷网、土豆网、酷 6 网、我乐网、爱奇艺、凤凰网等视频网站的视频播放页链接。

销售方蓝 V 认证后可运用四个销售方认证的专享特权，分别是身份特权、营销特权、粉丝运营和数据分析。

微博传播分析是针对单条微博的传播情况进行数据分析的工具，通过多维度的数据分析，为销售方还原微博传播的真相。

销售方输入单条微博地址后，系统通过智能计算呈现出其传播路径、关键传播者、引爆点、转发层级、覆盖人数、人物画像、热门转发微博等，以完整呈现此条微博的传播情况。如图 3-1-44 所示为基础包高级版功能中的粉丝性别年龄分析。

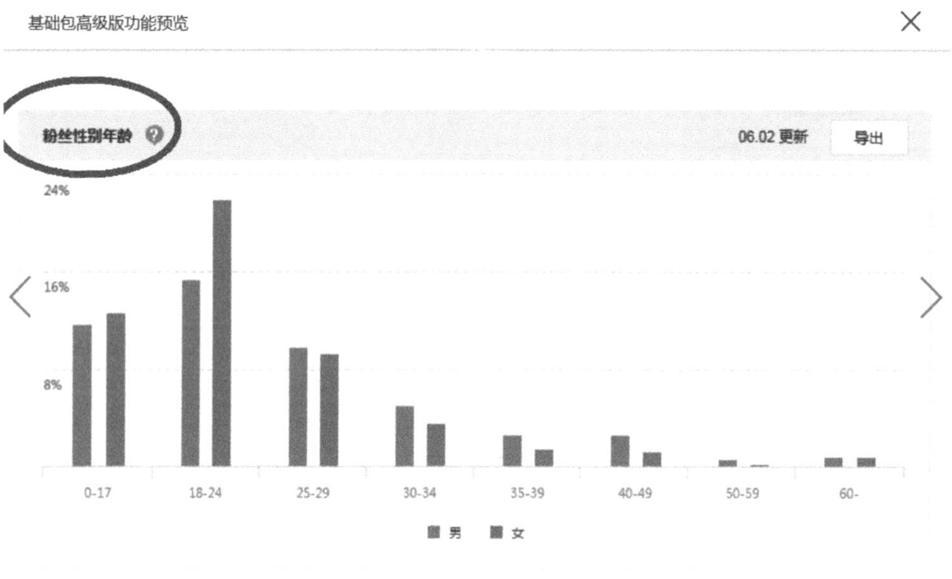

图 3-1-44　基础包高级功能

5. 经常发放免费福利

做一些对粉丝有利的活动，增加粉丝的黏性，并且通过粉丝的转发添加更多的有效粉丝。在进行线下活动的时候也可以放上微博的二维码或者 ID 引入新粉丝。

6. 官方推荐

2021 年 8 月微博官方申明：粉丝是社交媒体账号的核心资产，是衡量微博账号价值的重要依据，微博鼓励自媒体账号通过发布优质内容、保持与粉丝良好互动持续经营自己的微博账号、增长粉丝。

微博平台会对内容质量高、粉丝互动高的账号增加推荐曝光涨粉。对于异常涨粉甚至盗号关注等违规行为，一经发现必将严肃处理。

3.1.10　微博营销工具的使用方法

在微博平台，粉丝量是衡量账号运营情况的重要指标，是每个账号宝贵的社交和营销资产。微博粉丝数量是很多销售方作为考核 KPI（Key Performance Indicator，关键绩效指标）的指标之一。微博营销和所有新媒体平台一样，内容是基础，互动是核心，而工具是传播的加速器，可以迅速放大发布的内容和活动，起到促进微博电商变现的效果。如图 3-1-45 所示，微博平台推荐了营销工具。

采用微博授权的营销工具很容易操作，在“管理中心”中的“广告中心”里，有多个推广营销工具，可以根据自己的营销目标来选择。

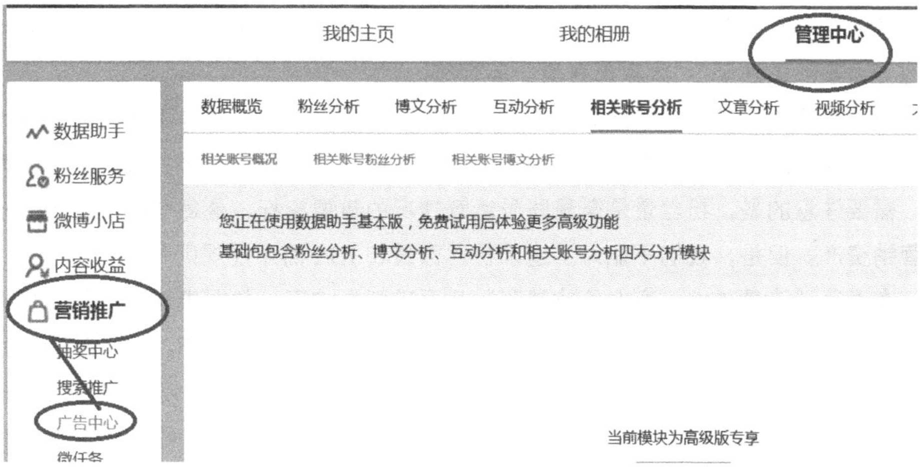

图 3-1-45　微博营销推广工具

如图 3-1-46 所示，以微博官网推荐的“超级粉丝通”和“粉丝头条”为例。

图 3-1-46　微博营销工具

1. 超级粉丝通

微博平台介绍“超级粉丝通”覆盖微博亿级优质用户资源，触达 4.31 亿月活跃用户、1.90 亿日活跃用户。

“超级粉丝通”可以选择具体的微博账号的粉丝进行微博投放，就比如可以选择同行的微博账号对他们的粉丝投放广告，因为关注同行的粉丝对自己的产品也可能感兴趣也比较了解，这样的人群就属于精准人群。

2. 粉丝头条

“粉丝头条”也是微博官方推广产品，就是将微博置顶给粉丝，或者通过指定账号、人群行业、商圈等投放给更多营销中想要投放的用户。其指定的数量少于前面的超级粉丝通，但范围更广，能快速涨粉、提升博文互动及曝光量。

进入“粉丝头条”的微博，一般在左上角都会有一个“热门”的标签，有时也会看到“大家都关注了”“大家都在看”等标签。

无论是否选择工具，或选择怎样的工具，日常的监控和评估是不可忽视的两大环节，在日常的运营中，需实时监测微博的运营数据，及时评估销售方微博的影响力。

需要注意的是，粉丝量是衡量账号运营情况的重要指标，是每个账号宝贵的社交和营销资产。但是，我们不能为了追求粉丝数量和 KPI 而无视规则和法律。

在奉行“流量越大，商业价值越高”片面准则影响下，数据表现正成为衡量人气的首要指标。明星艺人动辄破亿的微博转发量及粉丝数，已成常态。但光鲜亮丽的数据背后，有的则是已成体系的造假产业链，我们要引以为鉴，加以辨别。这种已经脱离常识的数据也都并非全部是由真人完成，而主要是借助各种可以登录多个微博账号的“外挂”软件完成，而“外挂”的开发运营者，则依靠登录账号的数量赚取利润。为了使转发评论数据能够“欺骗”微博平台的作弊系统，“外挂”所承载的账号来源已经从批量注册的机器账号“进化”到了盗取用户的正常账号，这是我们不能去做的。

2021 年 8 月微博平台根据接到的用户举报，针对“点赞”“控评”“助攻”“刷屏”“主攻”等相关群组进行排查处置，通过对部分控评的评论样本进行分析，共排查出 15 万个进行了刷量行为的用户，视情况禁言 1 ~ 3 个月的处置。我们都要避免陷入沼泽。

从新媒体营销角度，应当注意做到的是要有效吸粉。

有效吸粉方法有以营销为目标的行业角色精准定位，如具有特殊性；或进入加“V”认证并运用认证的专享特权，身份特权、营销特权、粉丝运营和数据分析；还有就是经常发布免费福利，最后对数据进行分析、总结，提升运营水平。

3.1.11 客户端的定义

新媒体营销上所指的客户端也称为用户端、App（Application 的缩写），一般指安装在智能手机上的软件，作用是补充原始系统在功能上的不足与个性化，为用户提供更丰富的使用功能。

现在手机客户端的市场前景非常大，其中占手机客户端市场最大的是系统是 Android、ios、Windows 三大系统。微信就是手机客户端的其中一个。

微信经常在手机端上进行升级，PC 端却升级相对迟缓。如微信红包不能在 PC 端收发。这是手机用户端的特点之一“移动端社交应用”。手机客户端通过手机应用商店、二维码扫描或链接都方便下载。

新华网股份有限公司《新媒体运营职业技术等级标准 2021 年 1.0 版》对客户端运营相关岗位的职业技能如下：

① 初级要求。

能够初步了解主要新闻客户端的类型、开通准备。能够初步了解主要新闻客户端的用户画像。

能够初步掌握主要新闻客户端的发文规则。

② 中级要求。

能够全面了解主要的新闻客户端的特点、精通不同客户端的用户群体特点、运营的方法。

3.1.12 客户端的特点

客户端有以下方面的特点。

1. 注重品牌推广

客户端对销售方形象进行系统阐释，是移动互联品牌的建立。往往有以下三个表现：

（1）丰富的销售方内容展示；

（2）完善的销售方形象宣传；

（3）全新的品牌宣传渠道。

2. 与用户互动

有多通道分享交互方式，能对用户情况及时把握。

（1）提供短信、微博、投票、跟帖、推送 5 大类互动形式；

（2）用户反馈立刻得知，即刻做出反应，提升服务质量；

（3）信息及时分享，提高曝光度。

3. 后台管理，客户端发布平台简单快捷

（1）操作简单、功能强大；

（2）节省开支、省时省力；

（3）维护方便、节约人力。

3.1.13 客户端用户群体特点及相应的营销方法

每个客户端的运营方式都不一样，根据各类型的需要再进行细分，都会进行 KPI 的测量。

KPI 即关键绩效指标，是 Key Performance Indicator 的简称。以视频客户端为例，其核心 KPI 有安装量、播放次数、启动量、卸载率、日\周\月活跃人数、用户留存率等。

和微信公众号、微博平台一样，对于手机客户端 App 也有测量工具。

“点点网”实时监控应用数据取自国内 9 大安卓应用商店，实时跟踪榜单、关键词排名动态、分析竞品、智能数据定制等，并提供专业 ASO（应用基础平台）优化服务，为广告主和开发者提供专家级整合营销方案。

它能从巨量数据中解读营销热点，如图 3-1-47 所示。

图 3-1-47 “点点网”大数据分析热点

1. 客户端的群体特点

据统计，一般新闻 App 的用户画像显示年龄方面集中在 19～45 岁，其中 26～35 岁占比最高，达到 50%。地域分布上集中在经济比较发达，商业化较高地区，对应来说，一方面这些地区更多人了解商业资讯，另一方面这些地区劳动力密集，19～45 岁人群占比较多，也是符合上面年龄分布的分析；而在性别分布上，以虎嗅 App 为例，男性用户和女性用户分别为 60.89%和 39.11%。

根据以上数据大体知道新闻类 App 的用户表现为年轻化、经济变动大、处于创业或在职业上发展前景比较大，具有固定阅读时间（地铁通勤）并且具有较好的阅读习惯和较大的阅读需求。

而使用特殊或有专项功能的客户端，如政务方面、公务员考评等有其特别面向的群体。而从新媒体营销角度，根据客户端用户群体生命周期理论，把用户分为五类并采用相应的营销方式。

2. 客户端用户群体特点及选用营销方法

生命周期的概念应用很广泛，如人的生命周期和家庭的生命周期，出生、成长过程、衰老、生病和死亡的过程等。产品生命是指市场上的营销生命，产品和人的生命一样，要经历形成、成长、成熟、衰退这样的周期。

动画 3-1-6
生命周期

就客户端而言，就是注册到最后用户流失的整个过程，包括新客户期、成长期、成熟期、衰退期、流失期，在新媒体营销上来说就是拉新、促活、留存。如图 3-1-48 所示。

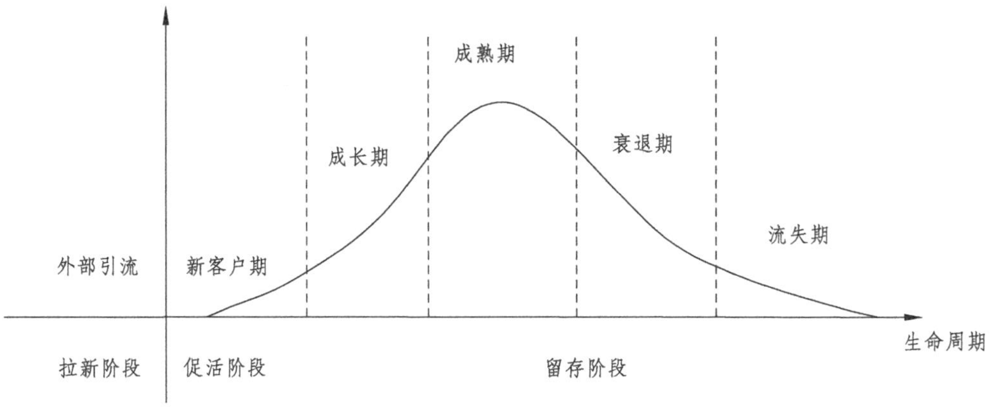

图 3-1-48　客户端成长周期

（1）拉新阶段，为了把潜在用户激活成为正式用户，可以采取产品改进、增加内容、商品促销、推广改进等措施。具体表现是推广和品牌宣传促进客户端安装量。

推广渠道主要有：下载网站、软件预装、联盟推广、相应的资源合作等。品牌宣传有新版营销、活动曝光、视频营销、微博互动等方式。

（2）促活阶段，促进新客户复购或多使用产品，可以采取产品使用引导、内容和商品推荐、满减促销等措施。同时主要是提高用户价值，可以采取增加产品功能、分层运营、会员权益、增加新品等措施。

具体操作上依据数据跟踪，对产品改进的数据进行跟进并生成相应的报告，作为产品优化的依据对整个产品的进行方向和目标进行优化，为整个产品或者公司增加其收入并进行开源节流。

（3）留存阶段，为了降低购买衰退等，可以采取提前预警、提高转换成本、优惠券、改进用户体验等措施。如果有用户流失现象，运营主要是为了召回用户，可以采取产品升级、优惠商品、赠品等措施。

任务实施

步骤 1：阅读“第七届中国国际‘互联网＋’大学生创新创业大赛职教赛道方案”，根据方案确定项目主题用于任务练习。

步骤 2：参照学习新华网股份有限公司《新媒体运营职业技能等级标准 2021 年 1.0 版》中“两微一端”相关内容。

动画 3-1-7
“互联网+”
创新创业大赛

步骤 3：将主题内容根据微信公众号特点，完成微信公众号上线发布、互动营销。

步骤 4：将主题内容根据微博的特点，完成微博上线发布、互动营销。

步骤 5：将主题内容根据手机客户端的特点，完成手机客户端的模拟营销。

注意：

① 参照标准《新媒体运营职业技能等级标准 2021 年 1.0 版》完成；

② 对定位、营销模式要有清晰理解；要有意识培养原创能力；对高强度黏性要做出理解和思考。

【学习笔记】

任务 3-2　短视频营销

任务目标

知识目标：

抖音、快手、视频号三个短视频营销平台及其定位；

视频营销平台传播特点、养号技巧、标签规则、营销策略、推广技巧；

掌握视频流量的获取方法。

视频 3-2-1
标签规则、
营销策略、
推广技巧

技能目标：

运用抖音、快手、视频号等短视频平台定位，采用合适方法进行营销；

运用视频平台传播特点、养号技巧、标签规则、营销策略、推广技巧；

运用视频流量的获取方法。

素质目标：

树立科学的设计创新意识；

培养学生爱岗敬业的工作作风。

相关知识

3.2.1　短视频的含义

短视频通常是指时长五分钟以内，供用户在移动终端观看的短片视频。短视频是目前受众最前卫的社交方式，已经成为人们生活中的一部分，这促进着短视频营销的迅猛发展。

新华网股份有限公司《新媒体运营职业技术等级标准 2021 年 1.0 版》中关于短视频运营岗位的职业技能要求为中级要求：能够熟悉各类视频运营的平台，如抖音、快手等，分析不同平台的用户定位，选择合适的平台进行运营；能够掌握视频的传播特点、运营策略及推广；能够掌握视频流量获取的技巧。

动画 3-2-1
算法

3.2.2　短视频平台的定位

以抖音、快手、视频号等为代表的视频平台，正在成为新媒体短视频营销时代的助推器。

视频 3-2-2
抖音、快手
短视频营销

1. 抖音（Tik Tok）

抖音是由今日头条推出的一款短视频分享 App。抖音文化使命是“激发创造、丰富生活”。

抖音开屏页面是推荐，依靠算法希望让用户看到最优质的视频内容。它通过完播率、点赞率、评论率、转化率与关注比来判断视频是否优质。这种严格的标签与算法推荐的机制造就了平台账号明显的两极分化：优质的创作者流量持续涌入，热度不断。

2. 快　手

快手是由快手科技开发的一款短视频应用 App。快手的宣传语为“拥抱每一种生活”。

快手开屏即是关注页面，从而给每位用户流量扶持，使用户至少都有几十至几百的展现量。

快手平台的账号分布呈橄榄型，在平台的流量普惠分发机制下，账号粉丝量不会过多或过少，都能获得普惠的流量，给每个人展现的空间。

3. 视频号

视频号的定位是“记录真实的生活”（见图 3-2-1），微信本身就是一个覆盖率极广的社交的 App。

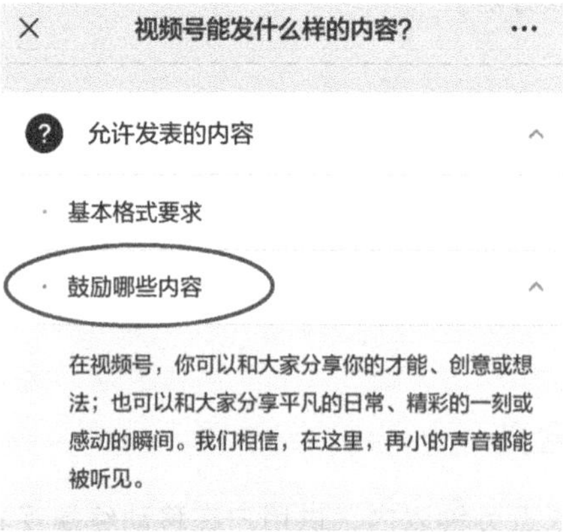

图 3-2-1　视频好的内容定位

微信的社交基因是视频号的自带优势，为视频号“跑通”微信生态打开入口，视频号主要是依靠社交关系进行推荐。

从这三个视频平台的价值观就能看出抖音对于短视频内容的要求比较高，其次是视频号，快手则对短视频内容的兼容性更高一点。

3.2.3　短视频账号定位与养号

1. 短视频账号的定位

（1）确定变现方式。

从新媒体营销的角度，短视频账号定位首先是要结合销售的产品或服务信息，确定好短视频账号的变现模式。

（2）分析粉丝画像。

明确变现方式后，就根据目标群体分析粉丝画像，包括性别、年龄、消费行为习惯和消费喜好。

（3）明确账号内容和形式。

在确定变现方式、分析粉丝画像后，参考同行账号，做竞品分析，借鉴他们做得好的地方，开始对自己的账号进行细分定位。

（4）细分定位。

账号细分定位包括确定名称、Logo、头像、标题、标签、简介、封面等，可以参考本项目“3.1.4 微信个人号的基础设置”部分内容。

2. 视频内容的定位

（1）从内容垂直定位。

在内容定位上，有两个原则：

① 做擅长的内容。

将擅长的优势和变现内容相结合，制作出原创特色内容，吸引用户。

② 做喜欢的内容。

兴趣是最好的向导。喜欢的，不一定擅长，但有足够的热爱，学习和坚持的动力就大。

（2）根据 IP 定位。

IP 就是设定，是独特优势的展现。视频的拍摄中可以利用这一优势将其放大。

（3）根据受众群体定位。

找出特定的受众群体，根据这部分受众群体的特点和需求，创作极具吸引力的内容，吸引粉丝。

3. 根据短视频特点进行账号维护

（1）账号固定在一个手机上登录。每一个 App 都是有缓存记录的，频繁切换或者是非常规登录系统都会被检测到，很容易误认为是恶意营销号。

（2）需要每天登陆，跟其他用户互动。通过点赞评论观看来保证账号的活跃度。

（3）每天发布一到三条作品。如果新号首发的作品质量高，后续这个账号会很容易火起来。点赞别人的作品，更要及时回复留言。如图 3-2-2 所示，注意“粉丝兴趣标签”。

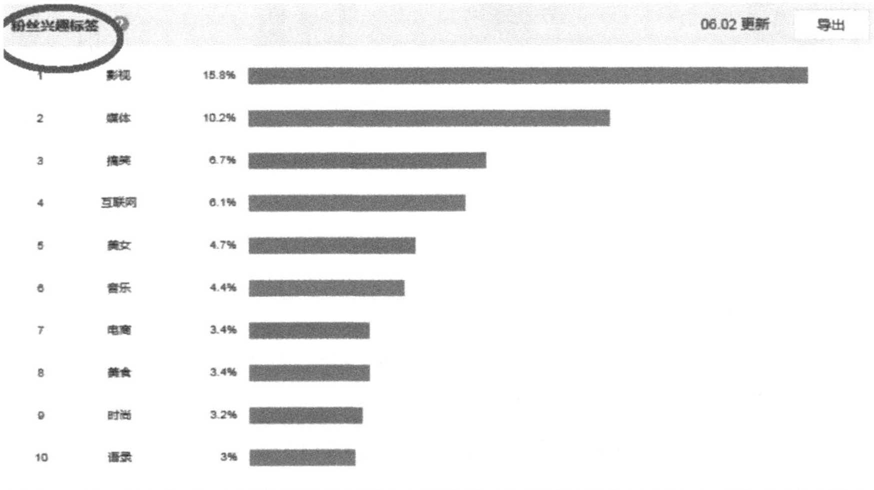

图 3-2-2　粉丝兴趣标签

（4）在同城页面的分类多逛。

选择同城作品点赞、评论、转发。

（5）重视新账号发布的前五个作品。

当每个播放量到三千以上后就进入正常运营。

3.2.4 短视频平台传播特点与营销策略

1. 短视频平台传播

以抖音为例，分为三个阶段：

（1）冷启动流量池曝光。

假设当天在抖音上有1000万人上传短视频，抖音会随机给每个短视频分配一个平均曝光量的冷启动流量池。每个短视频通过审核发出后，平均有10 000次曝光。

（2）数据挑选。

抖音会根据这1000万个短视频的10 000次曝光，分析点赞、关注、评论、转发等各个维度的数据，从中再挑出各项指标超过10%的视频，每条再平均分配10万次曝光。然后再去分析点赞、关注、转发、评论超过10%的，再滚进下一轮更大的流量池进行推荐。

（3）精品推荐池。

通过层层筛选验证，点赞率、播放完成率、评论互动率等指标都极高的短视频才有机会进入精品推荐池，用户打开时，看到的动辄几十上百万点赞量的视频就是这样产生的。

2. 短视频平台营销策略

如图3-2-3所示，开通橱窗展示商品，需短视频、直播转换带货，营销策略有以下几种。

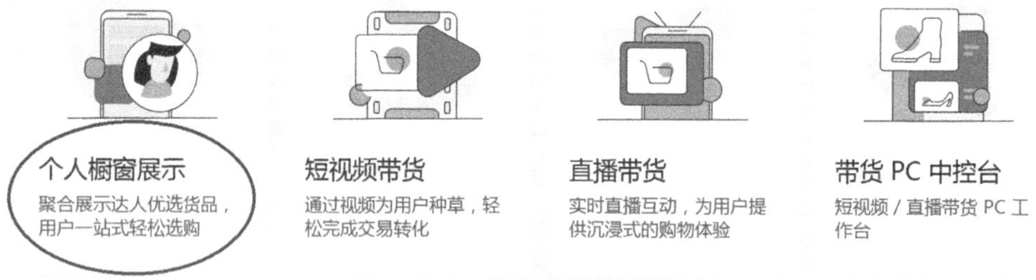

图3-2-3 开通橱窗展示

（1）调整发布时间。

统计显示，有62%的用户会在饭前和睡前刷抖音，而在公司路上、餐前或饭后所等碎片化时间刷抖音的仅有11%左右。

最好的发布时间点没有统一的标准，工作日中午12点左右，下班18点左右以及21点～22点，这些人们与手机接触比较多的时间可供参考。

鸡汤类、情感类短视频在 21～23 点发是很适合的，职场类的则在早上 8～9 点和中午 11 点半～12 点半适合。

（2）提升 4 个指标。

如图 3-2-4 所示，紧扣影响算法的“内容管理”“互动管理”“视频数据”，提升 4 个指标。抖音算法在冷启动环节主要看点赞量、评论量、转发量、完播率这 4 个指标。

要想获得平台推荐，必须在视频发出之后发动资源提升这 4 个指标：

① 引导用户完成点赞、评论、转发或看完视频的动作。

很多短视频会在视频描述和视频开头、结尾写到“一定要转发”或“看完视频”，就是为了提升完播率。

② 设置互动问题，制造话题的两面性，如“大家怎么看？”，引导用户留言评论，提升评论量。

③ 通过回复用户评论，提炼视频核心观点，引导更多用户参与到话题讨论中来，进一步提升评论量。

④ 提前准备“神”评论，视频发出后，让好友写在评论区，引导用户围绕这个话题展开更多互动，以达到提升这 4 个指标的目的。

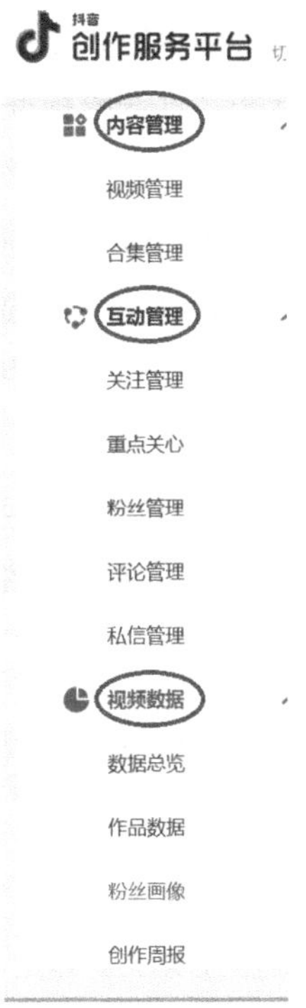

图 3-2-4　影响算法的三大方面

3.2.5　短视频推广技巧

（1）短视频封面。

视频封面作为短视频内容的第一眼信息，是短视频作品的脸面，也是短视频内容推荐的重要评判标准。因此封面内容要绝对清晰，要让用户一眼就能够看到重点。

（2）短视频标题。

标题要清晰告诉用户短视频的内容，引起大家的兴趣和共鸣，切忌做文不对题的“标题党”。

（3）发表原创。

避免搬运他人创作的内容，如喜欢他人的创作，可通过点赞的方式推荐给更多好友观看。

（4）短视频 BGM。

BGM（Back Ground Music，背景音乐）尽量从榜单排名中来进行选择。

（5）参与热点。

根据短视频账号运营的领域，合理选择参与官方活动，可以有效地节约短视频运营成本，符合短视频算法推荐机制，因为对于热点活动会有一定的流量加持。

（6）粉丝运营。

服务粉丝很关键，在日常短视频运营中，要善于发现一些高互动的粉丝，保证与粉丝之间的沟通交流，同时也要听取粉丝的建议。

（7）标签规则。

短视频平台会根据发布的内容、标题、话题，评判账号属于哪个垂直领域，通过用户的点赞、停留时间、评论和转发等互动数据，给账号计算分数。然后给账号打上标签，推送给标签一致的用户。

（8）数据测量指导。

① 通过分析播放量高的视频找到共同的规律。

② 用户的点赞量会直接影响视频的播放量。

③ 评论量，共鸣和争议带来评论量，用户评论会有更多的人关注，形成一个螺旋式的传播过程。

④ 转发量，可以带来更多精准的粉丝，提升粉丝量和营销的精准性。

⑤ 收藏量，说明了用户对内容的喜爱程度。对于规划的短视频选题内容有很高的参考价值。

任务实施

步骤 1：阅读“第七届中国国际‘互联网 +’大学生创新创业大赛职教赛道方案”，根据任务 3-1 确定的项目主题用于单元练习；

步骤 2：参照学习中国电子商会《短视频营销技能评价要求》团体标准（T/CECC 007-2020）；

步骤 3：将主题内容根据抖音的特点，完成 15 秒短视频制作并在抖音上线发布、互动营销；

步骤 4：将主题内容根据快手的特点，完成 15 秒短视频制作并在快手上线发布、互动营销；

步骤 5：将主题内容根据短视频的特点，完成 15 秒短视频制作并在短视频上线发布、互动营销；

步骤 6：将主题内容根据手机客户端的特点，完成手机客户端的模拟营销。

操作注意事项：

① 参照《短视频营销技能评价要求》中《短视频营销师》内容，在实际运用中不同平台还提供了丰富而特色的支持;

② 对策划、拍摄制作、推广分发、粉丝营销、流量变现、商务管理、综合营销管理进行评价，同时，所有形式都要依据主题内容去选择和确定。

【学习笔记】

任务 3-3　直播营销

任务目标

知识目标：

直播计划；

直播脚本编写方法；

直播软件和硬件设备、样品、道具、场地选择方法；

出镜者形象方案的制定方法；

设备搭建与联调方法；

直播彩排方案制定方法；

产品特性及卖点营销话术；

直播流量获取基本方法；

互动与复盘的方法。

技能目标：

能制订直播计划；

能根据直播计划安排直播软件和硬件设备、样品、道具、场地；

能制定出镜者形象方案；

能完成多种设备的搭建与联调；

能根据直播目标编写直播脚本；

能制定直播彩排方案；

能运用产品特性及卖点营销话术；

能运用直播流量获取基本方法；

能运用互动与复盘的方法。

动画 3-3-1
话术

动画 3-3-2
人设

素质目标：

树立科学的设计创新意识；

培养学生的沟通能力和协作精神。

视频 3-3-1
产品特性及卖点营销话术

相关知识

3.3.1　直播空间

建立一个专业的直播空间，包括良好的网络直播环境、直播设备等，从而提升用户的观看体验。打造直播间人设，确定适合自己的直播内容。

设计具有吸引力的直播开场，通过话术引导粉丝关注直播间，让粉丝自发传播。积极互动，完成直播间流量变现，进行一定福利放送。

国家人力资源和社会保障部《互联网营销师国家职业技能标准（征求意见稿）》对直播方面的技能要求有：

能连接硬件设备；能下载安装直播软件；能下载安装视频平台软件；能按照直播计划准备直播样品；能根据直播计划选择道具、场地；能将产品特性整理成直播脚本；能根据脚本进行直播彩排；能介绍销售产品的基本特性及卖点；能对销售产品进行展示；能引导用户下单；能编写团队协作的直播脚本；能根据直播脚本测试营销流程；能使用营销话术介绍产品特点；能介绍平台优惠及产品折扣信息；能组织团队进行直播预演；能根据预演效果调整营销方案；能对个人情绪进行控制管理；能调动直播间气氛；能根据用户反馈实时调整直播策略。

在运营直播时，要注意遵守法律法规以及市场规则。

据商务部下属中国国际电子商务中心研究院发布的《2021 年中国直播电商产业研究报告》显示，2021 年我国网络直播用户规模已达 6.17 亿，2021 年我国直播电商规模预计接近 2 万亿元。

直播行业的火爆势头也催生了一批“高流量”“高人气”主播。从最早的网红发展到如今的娱乐明星、企业家、普通民众共同参与……主播的类型日益呈现出多元化特征，也出现了虚假网络流量的案件。

杭州互联网法院就对一场涉及提供直播场控软件服务侵害作品信息网络传播权及不正当竞争纠纷案正式下达了判决书，认定身为被告的某款直播场控软件服务提供商的行为构成不正当竞争，因而责令其停止不正当竞争行为并赔偿原告公司经济损失 100 万元。

据了解，在此次案件中，部分主播通过使用被告提供的直播场控软件服务，能够集中控制大量手机，批量使用直播平台账号对指定直播间进行点赞、送礼物、评论、关注等操作，从而人为操纵直播间中的“粉丝”数量，制造出虚假的热度和人气。

同时，该直播场控软件服务公司帮助主播对其直播关注数、粉丝数、点赞量及评论次数等进行虚假宣传的行为，也使得消费者受到明显误导，对虚构数据及用户评价产生错误认知，从而破坏了直播平台真实公平的算法评价推荐体系及互动生态系统，损害其他经营者和消费者的合法权益，扰乱市场竞争秩序。

3.3.2 直播计划与脚本

视频 3-3-2
直播计划

直播前清晰、详细、可执行的直播脚本是直播流畅完成营销目标的保障，脚本内容首先要有“手艺（特长）”“封面设置”“选择话题”“主播公告”，根据流程顺序编写：

（1）明确直播主题，阐明本场直播的目的。

（2）把控直播节奏，梳理直播流程，具体到分钟。一款产品介绍多久，口播和展示分别几分钟，细化说明。

（3）直播分工明确，对主播、助播、运营人员的动作、行为、话术做出书面指导。包括直播参与人员的分工，比如主播负责引导观众、介绍产品、解释活动规则；助理负责现场互动、回复问题、发送优惠信息等；后台客服负责修改产品价格、与粉丝沟通、转化订单等。

（4）控制直播预算，单场直播成本控制，脚本中可以提前设计好能承受的优惠券面额或者是秒杀活动，赠品支出等成本。

（5）分单品直播脚本和整场直播脚本。一场 2～6 小时的直播，主播会推荐多款产品，其中每一款产品应当有一份对应的单品直播脚本，以表格的形式，将产品的卖点和优惠活动标注清楚。

① 单品直播脚本以单个商品为对象，包含商品解说、品牌介绍、功能展示等内容的脚本。

② 整场直播脚本就是以整场直播为单位，规范正常直播节奏流程和内容。

表 3-3-1 是参考的直播脚本。

表 3-3-1　直播脚本

直播流程：

【开场】——【介绍】——【催付】 ——【反复介绍】——【结束】

时间点	直播内容	参考话术
【开场】 10 min	主播介绍此次直播主题，介绍本期产品情况，介绍优惠力度和折扣	“Hello 大家好，我是××，欢迎大家来到×××直播间，本周是我们七夕直播专场，今天我们为大家带来了××款超值商品，详情可以浏览直播间左下方购物袋，直播过程中大家想看哪款随时给主播留言，我会给大家展示商品细节。有喜欢的款我会给大家申请超低直播价！” 【固定话术】
【介绍】 5 min	主播介绍产品，穿插评论互动	
【催付】 5 min	主播重复强调商品折扣、吸睛点，催促用户下单付款	原价比较：“这款商品原价都要××，现在为了回馈我们用户，直播价只要××，看上这款商品的宝贝真的不要犹豫了，错过就只能原价购买了！这么超值的商品肯定是不愁销量的，主播就再说最后一遍我们就看别的商品了。” 强调产品欢迎度：“刚刚有一个宝贝留言对这款××感兴趣，如果直播间还有同样感兴趣的宝贝，直播间留言，主播看看人多的话就去给大家申请折扣。” 工艺比较：“市面上光是这项工艺、这种材质的产品，价格都要到××，现在直播价只要××，主播都不敢相信我们的折扣力度了，在保真的前提下能这个价格到手，宝贝你们还在犹豫吗？” 同类比较：“这款商品真的是容量越大越划算，大毫升的价格比小毫升算下来还合适！” 【固定话术】
【反复介绍】 持续 60～90 min	可介绍两三个商品或所有商品介绍过后，返回重复介绍商品	“刚才有宝贝留言这款××，主播愿意再次给你详细介绍下这件商品，因为实在是太超值，相当于捡到便宜。刚来直播间的宝贝们也不要着急离开，看一下这款××，因为它值得你的停留。” “主播给大家推荐几款本次最值得购买的产品吧，就是××、××。真的这些就是闭眼入，没有毛病，绝对全网低价。” 【固定话术】
【结束】 30 min	主播提前半小时预告直播即将结束，催付，预告明天直播，到点口播结束语	“今天我们的直播马上就要结束了，还有没完成付款的宝宝要及时告诉主播，我们直播的商品都是仅此一次，错过就没这个价格咯，明天早上 11 点会有新款，大家记得准时收看直播哦，拜拜啦～” 【固定话术】

直播话术是说话的艺术，也指直播间等互联网场景中影响他人并控场的方法。

很多主播在直播间面对各色的人群，不知道该怎么开口说话、说出去的话会不会有错误，不知道什么样的说话技巧会更好。直播话术很重要，一场直播能不能吸引用户，主播的话术逻辑和技巧都是重中之重。

做直播的言行举止包括说的每一个字，哪怕一个表情都包含着销售逻辑，我们的朋友或竞争者都是粉丝。热情度、人物配合、样品摆放、福利与产品信息传达等都能让直播间活跃起来。重点应把握两点法则：

（1）知彼法则。

主播就是线上导购员，导购员就要知道用户关心什么，用户关心的品牌、价格、款式材质、穿搭潮流、发货时间和售后保障等，那主播就需要提前备课。

① 以产品为中心思考，不要说枯燥无味的商品介绍。把商品的参数值变成接地气的话，能够跟生活相交融的话语。

② 以销售为中心思考，给顾客优惠、福利，不要只强调促销，商品本身是关键。

③ 以粉丝需求为中心思考，要知道顾客在想什么，要让顾客觉得有利，以顾客为主，每个人的角度都不一样。

④ 一个优秀的主播，不光会给粉丝介绍产品，还要会“给福利”。比如转发朋友圈，或者点赞多少，或者亲密度达到多少，可以领到某某商家的赞助产品。

（2）知己法则。

短时间拿下粉丝：要用自己的内容，吸引到客户，要跟客户打招呼，在直播的时候可以跟粉丝互动，告诉粉丝怎么参与活动或怎么领券，要引导粉丝。

逻辑顺序很重要：要把商品最重要的最吸引的人点说清楚，要有逻辑顺序。先说商品重要的点，再说理由，找准商品最有价值的卖点。

时刻留意直播间滚动屏里的评论，不要自说自话，要跟粉丝互动，像面对面交流。可以说一些开心的事，多说肯定的话。

① 可以多观看学习其他主播。多观看和学习平台上的大主播是如何进行操作的，可以模仿他们，可以改进自己的说话的方式、方法、态度和习惯。

② 直播时加赠赠品，渲染气氛。要吸引顾客，把商品用特别的形式或用场景来吸引买家，让买家第一时间能辨别出产品。

③ 播前备课。在业余时间抽取一段完整的时间段用来看书，也可以在晚上临睡觉前看一个小时的书，多储存知识提升自我内涵。时刻关注每天热点新闻、趣事与娱乐新闻，在直播间可以将这些带入跟粉丝的互动中。

3.3.3 设备的搭建与联调

视频 3-3-3 直播设备、样品、道具、场地选择方法

1. 手机直播

需注意以下九项内容：

（1）一个外置声卡。

需要兼容手机、电脑、平板，支持双设备连接的外置声卡，也就是能支持两个手机、两个话筒，这样能满足两个人同时直播，或者是多平台直播。

（2）一个麦克风。

麦克风的品牌有很多，选择电容的、降噪效果好一点的就行。如果是涉及吃东西的，最好是选择领夹麦克风。

（3）两台手机。

一台用来直播，一台用来做协助。

（4）支架。

支架重点考虑的是稳定性、不占空间。手机 + 声卡 + 麦克风 + 补光灯 + 支架一体式的较实用。

（5）耳机。

主要是用来监听自己的声音，有入耳式、头戴式的，一般入耳式的就可以，根据需要可选择双插头、加长线的。

（6）转换器。

长时间直播就要一边充电一边直播。可选择兼容性强的，可供声卡、安卓/苹果手机、耳机等使用的通用转换器。

（7）补光灯。

手机直播选择的补光灯可以是落地的、可调节暖光、白光、柔光，又称美颜灯。如是环形的大小一般在 10 寸 ~ 18 寸之间，根据直播场景选择。

（8）排插。

如果外接的设备较多，要准备一个大的排插，方便充电。麦克风、排插充电三合一组合的插头。

（9）网络。

WIFI 一定要稳定，保持直播不断线。

2. 直播间设备

搭建直播间需要有五项准备：

（1）电脑 + 鼠标键盘。

B 站推荐的 CPU、主板、显卡、内存配如图 3-3-1 所示，分为直播入门基本配置、游戏直播配置和官方推荐配置三种。

图 3-3-1　直播电脑配置要求

（2）高清摄像头。

专业高清带 1080P 摄像，支持美颜。

（3）补光灯。

前方一个白灯，一个暖光，后面一个柔灯组成立体光效。led 补光灯 + 柔光罩组合也可以。与上文手机直播组成接近。

（4）电脑桌 + 椅。

桌面尽量大，椅子稳固。

（5）背景装饰。

背景装饰如背景墙、壁画、窗帘、摆件、地毯、彩灯、娃娃、挂件等，可根据主播的风格进行装饰，或者结合特殊的节日更换风格。

不同的直播平台，会有各自的直播软件，以 B 站为例，需下载“直播姬”。

3.3.4　出镜者形象方案

视频 3-3-4
直播出镜形象

1. 店铺定位

店铺定位决定了出镜者的 IP 风格和形象，店铺定位要结合产品特点和客户画像。

2. 直播间主播配置及时长配置

根据内容和时长确定直播间配置主播等出镜者人数、每位主播开播多长时间。

3. 出镜者形象

（1）妆容。

发型根据具体场景和卖货需求来定，一般要求干净整洁，面部无遮挡，化妆、无乱发，气质与直播主题相符。戴眼镜时注意眼镜是否会反光，最好是佩戴隐形眼镜。

（2）心理。

① 应变能力。出镜者在直播间，镜头直面几十甚至几百万观众，会发生各种突发情况，需要具备应变能力、良好心理素质等。

② 好友思维。直播时是把自己认为好的东西分享给观众，要做到对朋友那样的真心实意。

③ 讲解中立，讲解产品的优点时，也要分析产品不适用人群。

④ 耐心，用户时进时出，对重复性的问题要耐心解答。

⑤ 平常心，主播间里有时可能会有用户的恶意评论，要能够机智地化解。

⑥ 幽默感，直播间需要营造一个欢乐的氛围，主播要幽默善于营造气氛，从而使用户能够愉快购物，开心消费。

（3）专业度。

① 导购能力的养成。在试穿、试吃、试用之后才能发言，在第一线跟消费者打交道才有发言权。

② 专业度决定了信任度。对产品的行业和某一领域有一定的钻研，精通某个行业或某个领域的知识。

3.3.5 彩排方案

视频 3-3-5
直播彩排方案
制定方法

直播彩排目的是在提高直播流程的顺畅度，避免直播中可能会出现的失误。彩排方案主要有三项内容：

1. 商品的出场顺序

低价位的商品通常先出场，先增强用户的购买欲望，然后上架更多其他种类的商品。直播中，如果没有事先排好顺序出场的话，可能就会导致效果受影响。

2. 商品的介绍试用

主播对商品的介绍通常是基于试用的演示，需熟悉商品使用流程和技巧。

3. 直播的优惠政策

防止优惠政策表述错误，被消费者认为是虚假宣传。

除了以上三个彩排重点之外，全流程的直播彩排与总结非常重要。

最后，系统地对直播流程进行总结梳理如下。

直播前要确定三件事情。

（1）第一件事情：确保主播和相关人员会使用直播后台。

首先，负责直播的人员都应该向第三方直播平台的专业人士学习直播平台的操作方法，而且要确保负责直播的人员已经会操作后台；其次，要确认直播的网络环境是否流畅，确保不出现卡顿。

（2）第二件事情：直播前先做好彩排，保证直播流程的顺畅度。

彩排可以将直播可能会存在的问题暴露出来从而及时解决。另外，彩排还可以确保参加直播人员拿到的是同一个“直播剧本”。

（3）第三件事情：人员分工要明确，确保做好定岗定责。

最好安排三个及以上的人员及时协调处理。

确定三件事后，就要注意十个方面：

（1）直播团队。提前统筹直播所需要的主播、助理、翻译、业务与技术支持等各类人力资源，组成专门的直播团队。如目标客户群存在时差问题，直播可设多个小组。

（2）直播营销方案。以建立和巩固客户信任、促进供采对接为核心，从主播话术、直播环境、直播内容、展示形式等方面进行全方位策划。直播内容和形式可多样化，如新品发布、展品推介、产品演示。涉及多样化产品的直播策划要注重条理清晰，如可将直播内容分成不同单元。

（3）直播素材。提前准备直播需要用到的素材。素材要有助于展示企业实力和优势：如企业规模、经营业绩、研发力量、市场分布、专利权、行业认证、获得奖项、供应链整合服务特色、权威媒体报道、客户背书等；素材有助于展示产品特点：产品专利、外观、特色、使用场景、细节特写、内部构造、工艺流程、品质管控、工厂车间实景等；素材有助于展示良好的服务：签约便利性、货运物流、客户邀请、售后服务等。

（4）直播选品及卖点。要选择有代表性的产品，提前梳理产品卖点和特色。

（5）直播场地。直播场地应有利于展示企业形象和产品特点，如企业精心打造的产品陈列室、环境良好的生产车间、布置美观的产品使用场景等。直播过程中适当变化场地环境将有助于减少观众的枯燥感，吸引观众保持注意力。

（6）直播名称与封面。为每一场直播选取一个主题鲜明、一目了然的名称，设置一个清晰度高、富有视觉冲击力的封面。

（7）邀请方式。确定直播活动采用公开还是定向邀请方式。

（8）全方位宣传引流。多渠道全方位进行直播活动的宣传引流，提前向目标客户发出观看直播的邀请。凭邀请码观看的直播，要事先向客户发送邀请码。

（9）彩排。提前熟悉，实景彩排。

（10）复盘。召集主播、助理、业务支持人员、摄像等进行实景彩排的总结复盘。有些时候根据复盘情况还要进行第二、三次彩排。

3.3.6 直播营销话术

话术是说话的艺术，也指直播间等互联网场景中影响他人并控场的方法。催单、追单、互动、感谢是直播时主播常用的四种话术。

1. 主播催单

（1）找准时机宣布价格，让用户知道是“物超所值”。

（2）强调促销政策，包括限时折扣、现金返还、随机免单、抽奖免单等，让用户热情达到高潮，促进用户集中下单。

以 30 分钟催单话术为例：

① 0～5 分钟，吸引观众，引起用户好奇心；

② 5～7 分钟，利用各种抽奖活动，利好政策留住观众和意向客户；

③ 7～12 分钟通过对产品解说以及亲身试用来锁住客户；

④ 16～22 分钟从产品的各方面来与竞品对比，凸显自己产品的优势；

⑤ 22～27 分钟时，再次强调促销政策，进一步催促用户下单；

⑥ 最后三分钟，反复提醒用户下单，并营造出抢购的氛围，促使用户下单。

2. 追单话术，刺激下单

不断提醒用户即时销量，展现畅销局面，强调价格优势、超值礼品、促销力度等。反复用倒计时的方式，促使用户快速下单。以常见追单话术为例：

（1）活动马上结束了，要下单的朋友们抓紧咯！ 这次的活动力度以后都没有了，卖得也很好，喜欢的一定更要抓住机会！

（2）还有最后3分钟喔！没有购买的亲赶紧下单喔！

（3）现在直播间2000人，我们今天就送前100名下单的粉丝等价礼品。现在倒数5个数，5（助理实时提醒，礼品还剩80单），4（助理实时提醒，还剩50单），3（助理实时提醒，要没了、要没了）

……

追单话术的关键就是要展现出抢购的氛围，提醒观众“现在不买就再也买不到这么便宜的了，现在不买就没有机会了……”

主播要做的，是把产品优势、卖点变成一个个具体使用的场景，加强用户的购物体验感，主播要对用户负责，用户信任后会产生复购。

3. 互动话术

直播间邀请用户参与进来，产生互动聊天。

（1）提问式互动。

如：这种水果你们吃过吗?

（2）选择题互动。

如：想吃的扣1，想看我吃的扣2。

（3）刷屏式互动。

如：想要的宝宝在评论区扣1。

4. 感谢话术

对待给主播送礼物的观众、默默观看直播的观众、每一位观看直播的人都一样尊重。

主播在下播之前应表达对观众的感谢，同时可以给下一场做预告。

3.3.7 直播流量获取基本方法

直播流量获取六个基本方法：

1. 同城推荐

打开“定位”功能，有机会将本地的用户的自然流量引入直播间，带来免费的公域流量。

2. 话题的设置

（1）选择与行业相关的话题。

（2）选择平台近期的热点话题。

3. 标题要点

直播间标题和封面图需清晰醒目，增加公域流量的点击率。

（1）尽量写7到10个字符的标题。

（2）四种标题格式。

① 福利先行法：“好礼0元送不停”。

② 强调产品法：“有机红茶，放心喝”。

③ 从众心理法："被 60 000 人问爆的领带"。

④ 明星效应法："今晚 × × × 空降直播间"。

4. 直播间封面

直播间封面图需要能传达产品卖点、优惠福利、品牌信息等信息，吸引用户进行点击，增加直播间公域流量。封面类型主要有以下三种：

（1）使用福利海报，强调优惠信息，营造大促感。

（2）使用明星、达人照片（需授权），适合品牌型客户，撬动明星、达人粉丝。

（3）使用直播截图，适合工厂类、专柜类、达人类直播间，原生感更强。

除此之外，还可以使用品牌 logo、品牌门店、产品图片等。

5. 直播时长

开播频次与直播间的转化、流量、粉丝黏性等指标息息相关。按计划执行开播任务，直播时长尽量达到 5～8 小时。

连续开播的账号会优于非连续开播账号，并且加上平台大力扶持销售方直播，连续开播的销售方账号相比连续开播非销售方账号的优势会更加明显。

6. 开播时间和频次

稳定的开播频率、开播时长，且固定的开播时间能够有效提升账号的直播权重，帮助账号获取更多的自然流量。

可以根据直播间的需求，来制定开播策略。尝试不同时间段开播，找到账号粉丝价值最高的时间段。

3.3.8 直播计划执行关键点与复盘

直播复盘，就是把直播实际过程与结果和直播前期计划进行对比，目的是使下场直播实现数据提升和更为顺畅。

1. 直播过程及复盘

直播过程需要全程录制，复盘时可以清晰了解直播过程中每个人的工作是否执行到位。

（1）场控。

场控，在线人数低的时候要组织加大引流、上福利、留住人并增加互动等，对正常直播的稳定性和高效性负责。

直播间出现的场控需要关注的问题主要是产品上镜没有特点、产品要点归纳不足、预估直播数据出现偏差，直播中突发状况无法做出有效判断等。

（2）主播。

主播是直面用户（粉丝）的第一人，直播过程中，主播一般出现的问题有：

① 在线人数激增时无法承接流量；

② 直播间节奏出现偏差；

③ 恶评出现时的临场反应；

④ 用户提出专业问题无法及时回答；

⑤ 产品介绍卖点错误且混乱；

⑥ 直播间号召力差；

⑦ 催单促单能力弱等问题。

（3）副播。

副播在直播过程中充当了主播“同伴”（或“闺蜜”）的角色，灵敏度、激情度、配合度极佳的优质人是副播的不二之选。

副播在主播介绍吃力时能制造话题、烘托气氛，在用户要看细节时，第一时间给到产品近景，在做福利活动时，详细介绍规则及抽奖操作，直播间用户有任何问题都要冲到第一线快速解决。副播在直播中会出现的问题有：

① 激情不足无法调动起直播间氛围；

② 与主播配合不佳；

③ 产品细节展示不清晰；

④ 优惠券发放不及时；

⑤ 问题回答或者解决不及时；

⑥ 传递道具错误等问题。

（4）中控。

中控的工作内容是后台的操作，包括产品上下架、价格及库存的修改、配合主播进行数量的呐喊、优惠券的发放、实时的数据记录等工作。中控在直播中出现的问题有：

① 产品上下架问题操作失误；

② 库存数量修改错误；

③ 催单气氛配合度不足；

④ 声音不够洪亮；

⑤ 实时问题出现后没有进行记录等问题。

（5）投手。

主要工作内容是为直播间引流，包括直播间画面短视频或者引流短视频的准备和发布，都需要做好及时输出。如果直播间在线人数很低，及时为直播间带来精准付费人群是投手的第一要务。直播过程中，投手出现的问题主要有：

① 引流人群不精准；

② 转化率不足；

③ 上福利款时直播间人气偏少；

④ 制订的计划跑不出用户量；

⑤ 只有浅层数据没有深层数据等。

以上就是直播的五位重要团队成员在直播时的主要工作以及会出现的常见问题，直播过程的复盘也就是针对直播过程中出现的工作错误进行反思并及给出解决方案。

2. 直播数据复盘

直播的四个数据是直播的最真实情况的反应。

（1）人气峰值和平均在线人数。

这两个数据决定了直播间的人气，数量太低则没有变现盈利的可能，一般平均在线 50 人以上就有直播带货的变现能力，这是最底线。如果持续维持在 50 人以下，根据成交额=在线人数×转化率×客单价的公式，很难有盈利能力。

（2）平均停留时长。

平均停留时长是反应的是内容吸引力，平均停留时长越长，说明观众对直播间的兴趣越大，一般取决于选品能力和主播留人能力。对于行业从业者来说，通常能不能把用户留在直播间内超过 5 分钟是重要评价标准。一般头部主播可以把用户留在直播间内 15 分钟以上。

有新用户进来之后的欢迎语、与观众的互动技巧、吸引关注点击的商品、最详细最美观的产品介绍资料等都是能决定平均停留时长的要点，有能力的直播间可以努力把数值做大，对直播间标签的建立和自然流量推荐都有非常好的助力作用。

（3）带货转化率。

带货转化率=下单人数/总场观人数，是综合纬度的考量，最重要的因素就是主播的带货能力。

行业平均水平在 1%左右，好的主播能做到 3%，明星的转化率一般都会偏低，因为明星的大部分粉丝是带着观赏的目的进入直播间，购买欲望不一定会很高，明星直播间的转化率一般在 0.5%左右。

（4）UV 价值。

UV 价值=成交额/总场观人数，代表每个观众对直播间的贡献值，高 UV 价值也表示用户拥有极强的购买能力，可以用更好的高利润产品深挖用户的消费潜力。

直播间中位数的 UV 价值在 1 左右，好的直播间的 UV 价值可以达到 3～5，甚至最高的场次可以做到 10 以上，精准的用户引入是做好直播间高 UV 价值的决定性因素。

任务实施

在本任务中，需要“打造”出合格的主播，首先需要确定的有以下几点：

1. 店铺定位。店铺定位要结合产品特点和客户画像，以配备相应风格的主播。每个人的长相和气质都是不同的，有些人可能长得比较酷，不适合去做文艺风或者淑女风的主播，而汉服类的主播可能就需要挑选外貌比较古典，让人有代入感的主播；而如果是卖生鲜和农产品的店铺，主播可能就需要接地气；而卖珠宝卖奢侈品的店铺，主播就要有“行业范儿”和“鉴赏师”的气质。

2. 直播间主播配置及时长配置。每位主播开播多长时间要根据直播行业和产品来决定。一般食品类直播配备两位主播较适合，一位介绍产品，一位试吃和处理食品。服饰类要防止试穿时出现空镜，有些服装有不同的颜色，两位主播一起试穿的话也方便用户对比效果。家居类和珠宝类多聚焦于产品和演示。走秀类由于是在直播间打造 T 台的感觉，所以需要配备多位主播。

3. 出镜者形象。需要从妆容、心理打造、专业度方面着手。专业度主要从选品能力考虑，即知道什么样的商品可以进直播间，什么样的商品不适合直播，怎样搭配商品才能达到好的效果。选品能力某种程度上也与主播的专业度挂钩的，主播足够专业，才能知道产品的卖点和优势在哪里，该怎么进行讲解才能将产品优势最大化。主播平时要多学习与产品相关的知识和行业知识，更多的时候与商家协调互商，进行优势互补，才能达到好的直播效果。

其次要注意主播人选的重要条件。

主播对产品有了解，有一定直播专业知识和产品专业知识。

类型可以是专业主播、企业员工、企业孵化主播。

最后，主播 IP 化对于一般中小企业来说，也是快速、长期地吸粉的方法，而且能够大大增加粉丝黏性。

主播 IP 化可以从以下几点入手：

（1）起一个有趣的名字引发关注。

（2）给自己一个标签提高辨识度。

（3）包装一个背景引导联想。

（4）专业度聚焦专业水平。

（5）坚持执行长期主义。

（6）一体化的包装形成品牌。

（7）直播间风格由主播风格确定。

【学习笔记】

项目 4　新媒体矩阵整合营销

任务导入

任务 4-1　新媒体矩阵

共青团中央（如图 4-1-1 所示），在新媒体上不仅开通了微博、微信两个社交媒体宣传平台，同时入驻 B 站和网络问答社区知乎，形成一个多点联动的新媒体传播矩阵。

图 4-1-1　“共青团中央”微博

共青团中央的新媒体矩阵试图通过塑造人设，打造拟人化形象“团团”拉近与青年群体的距离。

本项目将学习策划新媒体矩阵与整合营销。

任务 4-1　新媒体矩阵

任务目标

知识目标：

新媒体矩阵的含义；
新媒体矩阵的分类；
新媒体矩阵的意义。

技能目标：

能区分新媒体横向与纵向矩阵；
能根据新媒体矩阵布置分析营销目的；
能使用思维导图对新媒体现有条件进行矩阵整合营销策划。

素质目标：

树立科学的设计创新意识；
培养学生的沟通能力和协作精神。

相关知识

4.1.1　矩阵的含义

“矩阵”的数学概念指一个长方形阵列排列的复数和实数集合。新媒体矩阵是指为触达营销目标而建立的多种新媒体渠道组合。

视频 4-1-1
矩阵的
类型及作用

4.1.2　新媒体横向与纵向矩阵

新媒体有横向矩阵和纵向矩阵两种类型。

1. 横向矩阵

如图 4-1-2 所示，横向矩阵是在全媒体平台的布局，包括自有 App、网站和各类新媒体平台如微信、微博、今日头条、搜狐网、企鹅号等，也可以称为外矩阵。

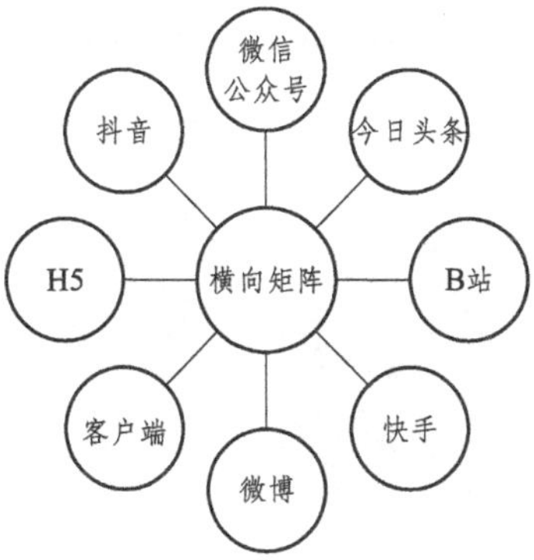

图 4-1-2　横向矩阵

2. 纵向矩阵

如图 4-1-3 所示，纵向矩阵是在某个媒体平台的生态布局，是其各个产品线的纵深布局，也可以称为内矩阵，这些平台一般是规模较大的平台。

如微信，在微信平台可以布局订阅号或服务号、视频号、社群及小程序等。

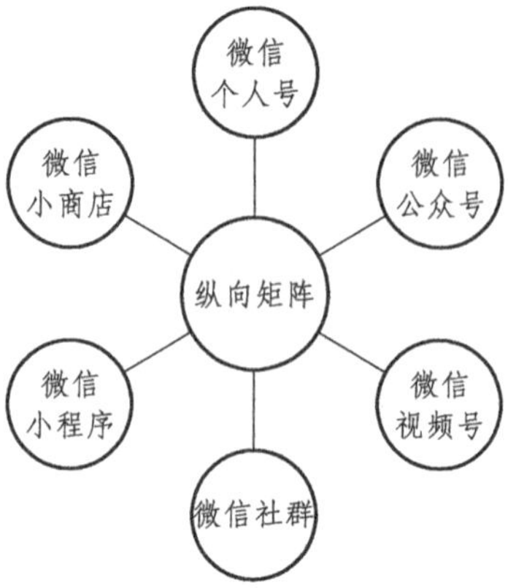

图 4-1-3　纵向矩阵

4.1.3　根据营销目标设计新媒体矩阵

1. 新媒体矩阵布局设计的两种形式

（1）先建纵向矩阵，再做横向矩阵。

通过实施纵向的内部矩阵，对所在平台了解、熟悉运营环境后，再做横向的外部矩阵会避免资源浪费。能优先扩大核心竞争力，加强核心用户的体验，这对自身发展来说也是尤为重要的。

（2）直接开启横向矩阵。

在充分了解平台特点，能将不同平台的资源优势都发挥出来时，直接运营横向矩阵。应多注重跨平台的合作联动情况。

2. 矩阵平台的搭配使用

根据平台特点做区分化运营，每个媒体平台的特点都不相同，图 4-1-4 所示为“易企秀”为不同场景提供的新媒体矩阵。

图 4-1-4　“易企秀”提供的新媒体矩阵

视频和图文不能按照一个套路去运营。在重大宣传节点上，根据平台的运行逻辑和特点，可以做到同时发力。

3. 整合营销和联动的运营能力

要使新媒体矩阵的优势发挥出来，就要将不同平台的优势资源在该集合的时候整合调动起来。

运营管理者设计和调动，将矩阵的整合优势和营销效应扩展至最大化。

4. 资源倾斜和运营能力分配

力求所有时间段做好每个账号不现实，因此应首先选定重点运营的 1 ~ 3 个新媒体营销平台，聚焦提升核心竞争力。

任务实施

步骤 1：收集“共青团中央新媒体矩阵”信息；

步骤 2：分析其横向与纵向矩阵情况和布置作用；

步骤 3：以思维导图形式将“共青团中央新媒体矩阵”新媒体矩阵布局的营销作用进行分析说明。

注意事项：

① 可以思维导图形式清晰呈现“共青团中央新媒体矩阵”，进一步理解任务。

② 理解正确性、完整性、简洁性、结构性、形象性、美观性等新媒体矩阵维度。

【学习笔记】

任务 4-2　新媒体营销整合

任务目标

知识目标：

整合营销的常见形式；
整合营销的步骤；
新媒体矩阵整合营销的原则。

技能目标：

能根据新媒体现有条件进行矩阵营销整合策划。

素质目标：

树立科学的设计创新意识；
培养学生的沟通能力和协作精神；
培养学生具有良好的职业道德和较强的工作责任心。

相关知识

4.2.1　营销整合的定义

营销整合是一种对各种营销工具和手段的系统化结合，根据环境进行即时性的动态修正，以使交换双方在交互中实现价值增值的营销理念与方法。

4.2.2　营销整合中新媒体的关系和常见形式

1. 营销整合中新媒体的关系

根据营销目标和不同平台的要求，一般是由易到难入驻，逐步建立新媒体矩阵，运用社群营销从而获得更多的流量，更大的曝光量，不同平台的产品及调性需形成互补关系。

2. 新媒体营销整合的常见形式

如图 4-2-1 所示，新媒体营销整合有 7 种形式：

（1）认知的整合。

这是实现整合营销传播的第一个层次，要求营销人员认识营销传播的需要。

（2）形象的整合。

确保信息与媒体一致性的决策。包括广告的文字与其他视觉要素之间的一致性和在不同媒体上投放的广告一致性。

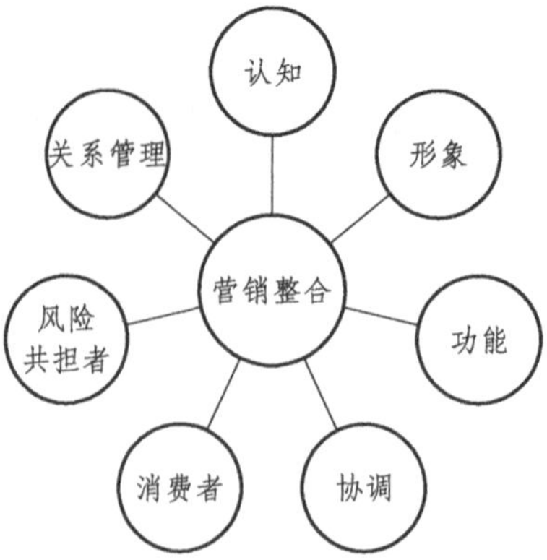

图 4-2-1 新媒体营销整合

（3）功能的整合。

每个营销传播要素的优势劣势经过详尽的分析后，与特定的营销目标再次结合，是功能整合。

（4）协调的整合。

采取各种手段确保人际营销传播与非人际形式的营销传播内容高度一致。

（5）基于消费者的整合。

营销策略必须在了解消费者的需求和欲求的基础上锁定目标消费者。营销策略的整合使得战略定位的信息通过多渠道直达目标消费者的心中。

（6）基于风险共担者的整合。

营销人员认识到目标消费者不是本机构应该传播的唯一群体，其他共担风险的经营者也应包含在整体的整合营销传播之内。

（7）关系管理的整合。

对社会资源也要做出营销战略整合。向不同的关系单位做出有效的传播，营销战略包括制造战略、工程战略、财务战略、人力资源战略以及会计战略等。

4.2.3 新媒体矩阵营销整合的原则和步骤

1. 新媒体矩阵营销整合的 4 个原则

视频 4-2-1
整合营销的原则

（1）新媒体的娱乐属性很强，营销也必须是娱乐化、趣味性的。将营销信息巧妙包装在趣味的情节当中，是趣味原则。

（2）营销活动要为目标受众提供利益。消费者抗拒广告，但消费者需要其需求产品的相关信息与资讯，是利益原则。

（3）新媒体的重要的特征是其互动性，充分挖掘新媒体矩阵的交互性，充分地利用新媒体的特性与消费者交流，让营销的功能发挥至极致，是互动原则。

（4）个性服务在新媒体营销中可以让消费者心理产生“焦点关注”的满足感，个性化营销更能投消费者所好，更容易引发互动与购买行动，是个性原则。

2. 新媒体整合矩阵搭建的 4 个步骤与 1 个核心

（1）梳理阶段。

新媒体整合矩阵营销并非一开始就得搭建，不同阶段的重心不同。例如品牌方的新媒体，在启动期搭建外矩阵主要以尝试为主，在有红利的新平台尝试；微信内的矩阵搭建：① 建立一个账号，制定核心发力点；② 形成外矩阵，微信内矩阵同步形成。③ 成熟期，外矩阵主要开发新兴流量平台，同时微信内矩阵进一步进行细分。

（2）细分人群及需求。

企业确定要搭建微信内矩阵后，需要对目标用户进行人群细分。首先是同类群体的细分。有些企业运营的对象是某一类人群，例如读书类账号，用户主要是爱读书的人群，其中女性偏多，年龄范围在 20～50 岁。

在增长期用户数增加后，又分化出了：① 对亲子阅读更感兴趣的妈妈群体；② 对学习口语的需求更强烈的职场类人群。于是可以搭建微信内矩阵两个账号。

其次是不同群体的细分。有些企业运营的人群不是同一类，需要细分出矩阵实现分类运营。比如运营对象是听课者 + 讲师 + 分发机构，就需要建单独三个账号。

（3）选平台。

确定新媒体的目标及运营对象后，再选择相应的平台进行矩阵布局，这里的平台主要指可以入驻的媒体或电商平台。平台的选择分初选、复筛、确认三个步骤。

① 初选。

需要了解一些常规的泛内容平台，根据企业垂直领域业务初步选择平台。例如摄影类企业可以选择蜂鸟网、站酷等网站；美食类企业选择豆果美食、大众点评等。可以参考各类 App 细分榜单或垂直网站名单，寻找这些平台。

② 复筛。

初步选定平台后，首先要进行复筛，即将初选的平台进一步筛选。评估平台的标准是分析平台类型、同类中的排名、量级和成熟度，其中成熟度和平台成立的时间长短、用户活跃情况及商业化变现情况相关。

其次评估企业，这里的企业指平台所属的企业。需要考虑的维度有三点：

第一，平台在企业的地位；第二，平台在企业未来的潜力；第三，企业目前实力及未来潜力，评估实力主要考察融资或者资本方面，如果企业实力不够，那么打造的平台产品可能存在时间较短暂。

运营的自由度就是运营者在平台上有多大的发挥空间。粉丝的价值就是这个平台的粉丝对后续转化的作用有多大。比如微信上的粉丝不仅可以帮助传播，后续还可能直接参与消费，脉脉上的用户都是职场人士，后续可以探讨商务合作等。

③ 确认。

通过初选和复筛后，就进行矩阵试运营。根据实际的评估结果进行人力和资源的分配。最终还需要经过一段时间的试运营才能得出结论。新媒体矩阵是动态变化的，会随着业务的变化发生纵向、横向地加深或者减弱。

（4）人格化建设。

确认矩阵的结构后，需要针对运营的平台账号进行人格化建设，即前面所说的“人设”。

（5）核心能力。

运营矩阵的三个核心能力——对平台的理解力、跨平台整合力及平台数据化驱动力。这三个能力新媒体营销非常重要。

① 对平台的理解力。

只有对运营的平台有深刻的理解，才能更好地利用其优势完成自己的商业活动。首先是对平台运作机制的了解，包括平台的算法。其次是对平台人群的研究，包括平台人群是否完全和目标人群相匹配，匹配程度有多高。再次是对平台实力的研究，主要研究融资、团队等。最后是对平台发展趋势的理解，看对它有什么最新的扶持政策等。

② 跨平台整合力。

矩阵能发挥协同效应，所以如果运营者具备跨平台整合力，就可以利用各个平台的特点发挥 1 + 1>2 的效果。跨平台整合分为以下两方面：

A. 联动内部资源

例如新品发布后，要在矩阵内所有的媒体平台同步发布消息，以最大化利用自有资源。这时可能会出现一种情况，有些平台的账号并不在自己部门内——如企业文化的账号可能在行政部门，某些地区类账号在相应的地区运营。这时候就需要发起联动，一起进行资源整合。

B. 联动外部资源

例如召开发布会，让外界的 KOL 写稿推荐等。平时注意积累人脉和资源，以便在关键的时候进行整合。

③ 平台数据化驱动力。

新媒体整合矩阵营销在未来精细化运营是关键。多平台运营，除了简单地将某个平台的运营经验运用到另一个平台之外，也需要用数据驱动运营。

通过数据分析，不仅能够呈现结果、帮助总结分析，还有助于优化前期经验、准确预判等，无论是对内容、用户还是活动运营，都大有裨益。

运营矩阵是一个动态的过程，需要随时更新迭代。

任务实施

步骤 1：搜索“共青团中央新媒体矩阵”信息并整理，为校企合作项目设计《新媒体矩阵策划书》，矩阵中心是“微信公众号”，内容要求如图 4-2-2 所示：

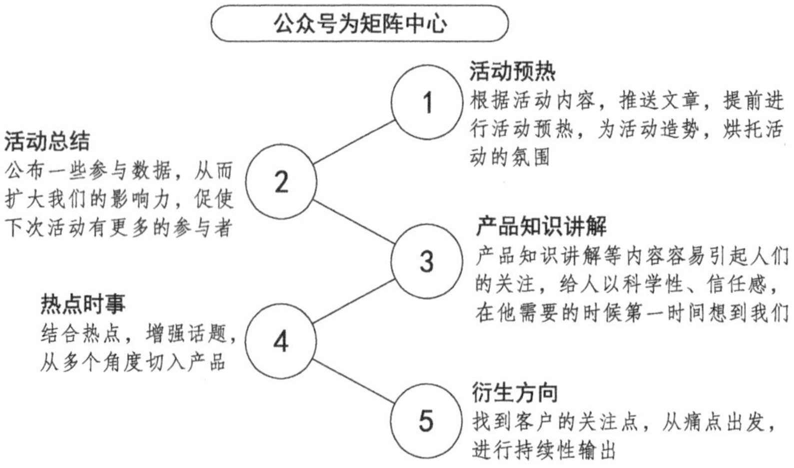

图 4-2-2　公众号矩阵中心要求

步骤 2：对校企合作项目的产品营销，以内容运营为主，内容建设要求如图 4-2-3 所示。

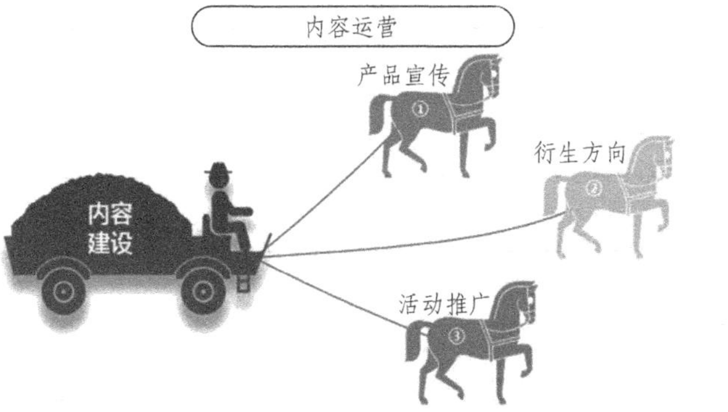

关于内容建设上，首先找到的精准定位，以此进行产品宣传、衍生方向的软文内容输出，再配合活动的大力推广。三管齐下，是保证任务完成的主要手段。

图 4-2-3　内容建设要求

步骤 3：设计的矩阵可以是纵向也可以横向，以 3～5 个新媒体平台同步活动，并形成策划书，活动运营提示如图 4-2-4 所示。

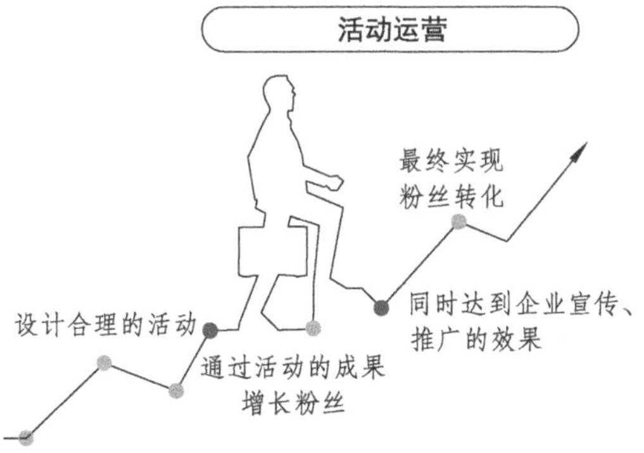

图 4-2-4　活动运营提示

注意事项：

①《新媒体矩阵策划书》设计中要充分运用步骤 1～3 的提示要求；

② 试为某项目设计《新媒体矩阵策划书》，试评估其新媒体营销整合绩效。

【学习笔记】

参考文献

[1] 谭贤，新媒体营运营从入门到精通[M]. 北京：人民邮电出版社，2017.

[2] 张向南，勾俊伟. 新媒体运营实战技能[M]. 北京：人民邮电出版社，2017.

[3] 刘友芝. 新媒体运营[M]. 北京：中国人民大学出版社，2018.

[4] 陈凯. 市场营销学[M]. 北京：中国人民大学出版社，2019.

[5]《短视频营销技能评价要求》团体标准（T/CECC 007-2020），中国电子商会，2020.

[6] 乔辉，麻天骁. 新媒体营销与运营[M]. 北京：人民邮电出版社，2021.

[7] 新华网股份有限公司. 新媒体运营职业技能等级标准[S]，2021.

[8] 人力资源和社会保障部. 互联网营销师国家职业技能标准（征求意见稿），2021.